METODO DI STUDIO

Efficaci tecniche di studio e strategie innovative per l'organizzazione e l'apprendimento rapido

Umberto Fiorentini

SOMMARIO

INTRODUZIONE

5

Esistono tanti tipi di studenti con caratteristiche, difficoltà, peculiarità e stili di studio differenti. Per poter comprendere gli stili principali, andiamo a inserirli in due grandi categorie che prendono i nomi, per analogia, dall'atletica leggera: i fondisti e gli sprinters. Tantissimi studenti sono molto bravi nello studio di pagine e libri lunghissimi, pensiamo a chi decide di iscriversi a un corso di laurea in lettere classiche e deve leggere e macinare tantissime pagine; costoro sono molto bravi nel lungo termine, ma si trovano in difficoltà nello studio di cose più corte e che richiedono l'uso della logica e non della memoria. Questi sono gli studenti fondisti, corridori e maratoneti dello studio. Proprio come i fondisti, hanno però una grande pecca, sono molto bravi a correre con la stessa andatura per un lungo percorso, ma se viene richiesto uno scatto, hanno subito il fiatone e devono fermarsi. Fanno parte di questo gruppo gli amanti delle lunghe letture.

Gli sprinters diversamente, sono più abili nel breve periodo, sono più adeguati allo studio di concetti logici e difficili che richiedono uno sforzo cognitivo maggiore. La loro difficoltà sta invece nello studio di lunghi testi e libri, perché il loro metodo si basa sul ragionamento e la rielaborazione di piccole sezioni di testo. Si trovano più a loro agio nello studio di discipline scientifiche, matematiche e logiche. Loro sono quindi legati al corridore centometrista, ottimo sulle brevi distanze, ma in grande difficoltà sul lungo percorso e sulla resistenza.

Sino a ora noi abbiamo fatto una semplice differenza di due generi, ma la popolazione impegnata nello studio non può essere esclusivamente racchiusa in due gruppi, perché esistono capacità, necessità e abilità diverse. Spesso gli studenti vedono emergere caratteristiche che fanno loro credere di appartenere più alla categoria degli sprinters o più a quella dei fondisti, altri invece hanno caratteristiche equivalenti dei due gruppi, altri non si vedono iscritti in modo netto in nessuno dei due o magari devono ancora scoprire le proprie attitudini di studio.

Una cosa è sicuramente comune a tutti: mediante lo sforzo dello studio, ogni studente finisce sia per imparare un concetto o un contenuto, ma anche per incrementare il proprio metodo e le proprie abilità, come l'allenamento nella corsa per l'atleta.

Avendo spesso sentito lamentarsi per la poca voglia di studiare tanti studenti disperati per le difficoltà scolastiche, ho pensato di scrivere un manuale che potesse fungere da ancora di salvezza per tutti. Questo testo è nato proprio con lo scopo di fornire a chi non ha ancora trovato un proprio metodo, tantissime soluzioni.

Il libro non è destinato al solo pubblico ancora studente presso la scuola dell'obbligo o all'università, è invece aperto a tutti, anche a chi sente la necessità di riprendere un manuale e studiarlo senza una data prefissata e senza un esame da affrontare, ma con il solo piacere di apprendere e studiare.

Il testo si rivolge in realtà a tutti, non solo a chi sta studiando per preparare un esame universitario, ma anche a un genitore preoccupato per l'andamento scolastico dei figli, a un adulto che ha deciso di riprendere a studiare e seguire un corso di laurea, di perfezionamento o che vuole prepararsi per un esame di stato utile per un avanzamento di carriera. È utile anche per gli studenti che ancora frequentano la scuola dell'obbligo e continuano a provare a studiare con risultati insufficienti o non coerenti con i loro sforzi. Ancora, molti lavoratori, imprenditori e imprenditrici hanno spesso il compito di presentare progetti o informarsi per migliorare il loro lavoro, ma non hanno sempre tutto il tempo per poter leggere con calma articoli, testi o pubblicazioni, ecco che in questo interviene il metodo di lettura veloce.

Non pensiamo però che utilizzare un manuale riguardante il metodo di studio sia qualcosa di denigrante e adeguato solo a chi non sa studiare, la lettura di questo libro è in realtà utile anche per chi sa come studiare, ha dei buoni risultati, ma non sono abbastanza, sa che si impegna tanto ma che la valutazione non è adeguata alle aspettative.

È inoltre utile per chi si ritrova a dover preparare un tipo di prova a cui non è abituato: uno studente che deve imparare a memoria una poesia, un laureato in ingegneria che deve studiare una grande mole di documenti o un laureato in lettere che deve preparare una prova preselettiva con batteria di quiz per accedere a un esame di stato.

Quando si parla di studio si pensa però di dover rinunciare a tutto, chiudersi in stanza e imparare informazioni in modo frustrato. Questo libro vi insegnerà che non è vero, che basta invece tanta organizzazione, un buon metodo, una viva concentrazione e soprattutto tanto desiderio di raggiungere l'obiettivo.

Nel primo capitolo ho infatti dedicato la mia attenzione alla fase preventiva dello studio: l'organizzazione. Troverete tante informazioni, metodi, strategie e strumenti consigliati. Vedremo insieme la differenza di uso tra agende, diari, bullet journal, applicazioni digitali e calendari, così da poter scegliere il mezzo adatto a ciascuno.

Nel secondo capitolo entriamo invece nello specifico e vediamo quindi come approcciarsi allo studio passo a passo, partendo dall'organizzazione del materiale e dalla suddivisione degli argomenti e pagine per ogni giorno, fino alle strategie più piccole per imparare a studiare. Questo capitolo è sicuramente rivolto a un pubblico più giovane o a chi da molto tempo non si approccia più allo studio, quindi studenti lavoratori o adulti alla ricerca di una formazione ancor più specifica e di strumenti per raggiungerla. Ho inserito anche un paragrafo relativo gli appunti, perché quando si frequentano delle lezioni e i docenti spiegano gli argomenti che devono essere trattati in sede di interrogazione o esame, è bene imparare ad annotare in modo corretto e veloce solo le parole che davvero sono importanti, altrimenti ci trasformiamo in semplici scribi. In questo caso ho voluto introdurre un metodo non del tutto nuovo e a parer mio molto semplice, ben fatto e strutturato, ma purtroppo ancora poco spiegato nelle aule delle scuole dell'obbligo.

Nel terzo capitolo prendiamo in analisi la lettura, che è la pratica che tendenzialmente fa perdere tantissimo tempo agli studenti o ai lettori in generale. Con questo capitolo impareremo delle strategie per evitare di leggere tutto in modo minuzioso, ma arrivare subito a cogliere ciò che di importante il testo vuole comunicare. Questo capitolo, differentemente dal precedente, si rivolge ad un pubblico più adulto: bisogna conoscere bene la lettura per poter attuare delle strategie di velocizzazione.

Nel capitolo quattro passiamo alle mappe. Questo strumento di studio viene spesso proposto durante gli anni delle scuole secondarie di primo grado (scuola media), ma non sempre gli studenti riescono a maturare una corretta e personale abilità nella schematizzazione. Inoltre, negli adulti, vedo spesso un timore di non ricordare più le strategie che erano state apprese durante gli anni scolastici, pertanto è ancora più utile rivedere insieme la schematizzazione così da far riemergere un ricordo creduto perso. Vedremo insieme che esistono due tipologie di schema diverse a seconda delle necessita. La mappa resta molto importante nella fase di studio, ma soprattutto durante la ripetizione finale, per questo ho dedicato un intero capitolo all'argomento.

Nel capitolo quinto parliamo di tecniche di memoria e di studio. La prima cosa utile da fare è capire cos'è la memoria e come si comporta, solo in seguito andremo a sviscerare alcuni metodi utili per imparare concetti e argomenti in modo discorsivo. Non sarà questo il momento giusto per imparare a memoria, ce ne occuperemo nel capitolo settimo.

Nel sesto capitolo invece scopriamo insieme cos'è l'apprendimento e cosa lo distingue dalla memoria. Lo scopo del capitolo è quello di capire in quale modo si può generare o modificare un apprendimento, come allenare le capacità di apprendere e come velocizzarsi. Ho deciso di affrontare l'argomento solo a questo punto del libro perché è più complesso rispetto ai temi affrontati in precedenza e serve una conoscenza di base del funzionamento della mente e dello studio per poterlo comprendere al meglio.

Nel settimo e ultimo capitolo affrontiamo una metodologia di studio particolarmente complessa: lo studio mnemonico. Vedremo innanzitutto quando è giusto attuare il metodo e quando invece è sconsigliato, poi vedremo alcune strategie utili per imparare interi testi (componimenti, poesie e così via), serie di numeri o codici meccanografici. Le strategie sono collocate in ordine crescente per difficoltà, quindi si consiglia di imparare a seguire una strategia per volta e allenarsi su di esse.

In conclusione, scopriremo insieme che le strategie di studio sono infinite, quindi non possiamo dire che esiste un unico metodo valido per tutti, una formula magica che trasferisce la conoscenza dal libro alla mente istantaneamente. Lo studio richiede tempo, concentrazione e un pizzico di sacrificio, che non significa però gettare al vento tutta la propria vita sociale.

Ogni metodo deve essere testato personalmente, letto con cura e analizzato, al fine di capire se è adeguato al nostro stile di vita, alle nostre esigenze e alle richieste di chi dovrà poi esaminarci in sede di esame o prova. Non possiamo pensare che un metodo funzionale su uno studente deve essere per forza quello corretto anche per noi e svalutarci in caso di non funzionamento dello stesso. Ognuno di noi è in grado di studiare e dare il massimo, bisogna semplicemente capire come farlo. Ancora, non possiamo credere che il riassunto, lo schema o lo strumento che ha permesso a un amico di ottenere il massimo del voto possa dare la stessa sicurezza a noi, perché non è detto che saremo in grado di attuare la stessa logicità e connessione mentale durante la fase di studio.

Capitolo 1
L'ORGANIZZAZIONE È LA CHIAVE DI TUTTO

Quando si desidera affinare o migliorare le proprie strategie o metodologie di studio, la prima cosa fondamentale da fare è imparare a gestire il tempo.

Lo studio può essere la principale attività di vita di una persona, ma sono tanti anche i lavoratori studenti, adulti che lavorano a tempo pieno, che hanno una famiglia, ma desiderano ancora approfondire il proprio sapere. Esistono anche tanti universitari che nei ritagli di tempo svolgono lavori più o meno impegnativi, che però richiedono loro energie che non possono dedicare al solo studio. Anche un ragazzo unicamente iscritto alla scuola dell'obbligo o all'università può però avere impegni extrascolastici, come sport, musica, lettura e hobby di ogni genere, a cui non si deve mai rinunciare. Tutti, quindi, hanno degli impegni che possono andare ad accorciare il tempo a loro disposizione per lo studio.

Oltre al tempo, esiste anche un altro fattore molto importante: il momento. A seconda dello stile di vita, ognuno di noi ha dei momenti più o meno liberi, chi la mattina, chi la sera tardi e chi la pausa pranzo o il pomeriggio. Bisogna scegliere con cura il momento perfetto e andare a gestirlo al meglio, evitando che la stanchezza lo invada.

Voglio per un momento sottolineare l'importanza dello svago prima di passare allo studio: l'uomo non è una macchina, pertanto non può costringersi a stare tutto il giorno unicamente sui libri a leggere, evidenziare, scrivere o ripetere. Abbiamo bisogno di svago: studiare con la consapevolezza che al termine arriverà il momento dello svago o una distrazione, ci permette di restare più concentrati per far fruttare al meglio il tempo a disposizione.
È importante allora promettersi del tempo libero. Anche quando la vita è pienissima di impegni e incombenze, bisogna sempre dedicare del tempo alle passioni, al relax, alle amicizie o a una semplice serie TV o film in televisione, diversamente obbligheremmo il cervello a stare concentrato anche quando per lui è impossibile, andando così a sprecare inutilmente tanto tempo.

In questo primo capitolo desidero dedicarmi in modo esclusivo all'organizzazione del tempo, che è proprio la parte cruciale di un buon metodo di studio. Prenderemo in esame i tantissimi strumenti di cui disponiamo così da capire quali sono i migliori per le nostre condizioni, situazioni, esigenze e preferenze. Sto parlando dei planner, delle agende, dei quaderni, delle agende digitali, degli innovativi e modaioli bullet journal e delle infinite app gratuite e non che possiamo scaricare sui nostri smartphone.

1.1 Il planner

Il planner è uno strumento per la programmazione settimanale, mensile o annuale che segue in modo rigoroso il calendario. Essendo uno strumento particolarmente utilizzato soprattutto nelle aziende o nelle redazioni giornalistiche, ne sono stati realizzati moltissimi modelli, al fine di coprire tutte le esigenze.

Sicuramente il planner è uno strumento di lavoro utile per la progettazione sul lungo termine, perché ha una durata minima di una settimana e massima di un anno e permette all'utente di visualizzare dall'alto il proprio piano delle attività.

Il supporto può essere di carta: molto simile a un blocco per appunti, con le pagine strappabili al termine della settimana o con gli anelli, così da conservare le pagine. In ogni caso è sempre stampato in modo chiaro il giorno della settimana, il mese e la data precisa, oppure possono anche essere compilati dall'utente.

Diversamente esistono anche planner riutilizzabili. Anche questi possono essere di carta e devono essere compilati dall'autore nella datazione e negli impegni, ma possono anche essere lavagnette cancellabili, compilabili con un pennarello dato in dotazione e con il fondo magnetico utile per appendere e tenere bene in vista gli impegni settimanali. In tantissimi utilizzano quest'ultimo prodotto per gestire gli impegni familiari, gli incarichi nelle faccende domestiche o la condivisione dei mezzi di trasporto. Il metodo funziona molto bene e spesso genera comprensione e collaborazione in un team o in una famiglia.

In ultimo csistono anchc i planncr digitali. Moltissimi hanno installati sui propri computer il pacchetto Microsoft, ad esempio, il quale proporne proprio anche questo strumento tra i suoi prodotti.

Una cosa molto bella del planner digitale sta nel fatto che può anche essere condiviso, quindi tutti gli utenti di un team possono andare a inserire ciò che è importante fare, ognuno può modificare, assegnarsi il compito e specificare nelle annotazioni eventuali necessità, difficoltà o parti del progetto che devono ancora essere ultimate o rimandate. Ciò che distingue la versione digitale da quella manuale è la possibilità di aggiungere immagini, video, allegati da scaricare, stickers o strumenti per la memoria.

Poiché questo libro è dedicato agli studenti e non ai team di lavoro, facciamo un esempio del modo in cui costoro possono usare lo strumento: nel planner è importante prima di tutto inserire gli impegni obbligatori, come gli orari o le scadenze di lavoro, eventuali impegni prefissati e scadenze da cui non si può prescindere. Aggiungiamo poi le pause pranzo e cena. A questo punto, andiamo a scaglionare le pagine da studiare. In un planner cartaceo è importante andare a specificare il numero delle pagine del libro, le sezioni degli appunti e così via. Nel planner digitale possiamo invece andare ad allegare direttamente, se le abbiamo in formato digitale, le sezioni che abbiamo deciso di studiare, direttamente estrapolate dal testo. In questo modo sapremo che quello è il nostro impegno di studio e vi accederemo in modo diretto e incisivo.

Quali sono i pregi e i difetti di un planner?
Il pregio più importante del planner è quello di poter visionare la suddivisione di un progetto ma anche della propria settimana: avendo gli impegni obbligatori già scritti e fissati, sarà semplice inserire anche quelli di relativa o minore importanza, perché si ha il quadro del proprio tempo.
Pensiamo a una dieta settimanale: anche per organizzare l'alimentazione possiamo usare un planner e guardando la propria settimana dall'alto possiamo conoscere quanto spesso mangiamo un alimento, andare a inserirne uno mancante in modo strategico, controllare i propri sgarri e così via.
Un difetto del planner è invece che concede un controllo temporale sul lungo termine, non sul breve. Non possiamo pensare di pianificare la giornata al minuto, perché il planner non ha spazio. Ovviamente se pensiamo agli strumenti digitali lo spazio aumenta, ma così facendo li rendiamo molto più simili a una agenda quotidiana.

1.2 L'agenda

L'agenda è uno strumento decisamente più diffuso rispetto a quello analizzato nel precedente paragrafo e la maggior parte della popolazione adulta ne usa almeno una, molti ne hanno addirittura due o tre, a seconda dell'uso che ne fanno.
Anche gli studenti scolastici ne hanno una: il diario scolastico.

La parola agenda proviene dal termine latino *agere* che significa fare, agire. L'agenda è allora uno strumento sul quale si vanno ad annotare quotidianamente, settimanalmente o mensilmente i propri appuntamenti, impegni, memorie o annotazioni.

Solitamente questi strumenti sono organizzati all'interno di quaderni di medie – piccole dimensioni, con lo scopo di essere trasportabili, comodi e utili.
Esistono moltissime versioni con scelte stilistiche diversissime, ma tendenzialmente seguono l'anno solare, da gennaio a dicembre e dedicano una pagina a ogni giorno dell'anno. Molte, per salvare spazio, utilizzano solo mezza pagina per i giorni festivi e non lavorativi, altre invece sono completamente compilabili: i giorni non sono già scritti, ma sta all'utente segnare la data, il mese e il giorno ed eventualmente non inserire le giornate che non sono interessate nella programmazione.
Ciò che differenzia però l'agenda dal planner è il fatto che all'inizio della prima si trova un calendario annuale, sempre molto utile per la pianificazione delle attività e all'inizio di ogni mese se ne trova uno relativo a quel lasso di tempo. Infine, le pagine sono organizzate con il fine di programmare le attività in modo preciso, ordinato e continuativo.

Esistono formati elettronici anche per questo strumento: le agende elettroniche, che non devono essere confuse con le agende digitali, che sono invece gli obiettivi che un ente pubblico intende raggiungere entro una data prefissata, ad esempio l'Agenda 2030. Le agende elettroniche sono delle app o software scaricabili che funzionano fondamentalmente come quelle cartacee. Sicuramente, questi formati hanno due grandi vantaggi: la reperibilità e la sveglia. Le app sono al servizio costante dell'utente: se si ha vicino lo smartphone, allora si ha con sé anche l'agenda. Inoltre, i software elettronici hanno spesso anche la facoltà di avvisare l'utente con suoni differenti per ricordare gli impegni.

Per gli studenti quest'ultima funzione può essere importante, perché mentre si studia non si pensa al tempo che passa, ma si aspetta il suono del telefono per poter andare a fare una pausa, per esempio. Chiaramente però questo implica un'impostazione dell'applicazione agenda nel minimo dettaglio e forse questo potrebbe generare un grande dispendio di tempo.

Diversamente, l'agenda degli studenti scolastici, ovvero il diario, segue l'anno scolastico, da settembre a giugno. La scelta è fatta proprio per seguire gli impegni che gli alunni possono avere, che iniziano quindi con i primi giorni di settembre e terminano mediamente nella prima decade di giugno. Anche le pagine sono leggermente differenziate: si dedica tanto spazio per la stesura degli impegni o delle annotazioni, poi in basso si trovano tendenzialmente le sezioni dedicate alle comunicazioni scuola – famiglia. Ancora, il diario scolastico propone anche delle sezioni dedicate alle valutazioni, alle giustificazioni o a tutte le certificazioni che i genitori devono sottoscrivere.

Presentate velocemente le due grandi tipologie di agende cartacee, di cui esistono infiniti marchi più o meno noti, capiamo quale genere potrebbe essere più funzionale per uno studente universitario o per un lavoratore studente.

Sicuramente per chi lavora è consigliabile utilizzare due mezzi diversi, così da non mischiare gli impegni: sull'agenda di lavoro è però importante segnalare, se previsti, i momenti di studio, senza però specificarli. Sull'agenda privata, invece è importante comunque segnalare le variazioni di orario sul lavoro o le scadenze importati e urgenti, così da avere sempre sotto controllo le esigenze di entrambe le grandi macro aree.

Per chi invece si dedica al solo studio, ovviamente agevolato da impegni di vita personale o passioni esterne, può utilizzare un solo strumento.

A questo punto, la scelta è in realtà del tutto indifferente: semplicemente bisogna tenere in considerazione che un diario scolastico ha tendenzialmente una stampa e una fattura più infantile, perché rivolto a un pubblico più giovane, ma permette anche di mantenere un controllo, nell'apposita sezione, dell'andamento delle valutazioni. L'agenda è invece più variabile, esistono diversissime dimensioni, differenti materiali e si apre a un pubblico decisamente più ampio.

1.3 Il calendario

Poiché abbiamo specificato che spesso le agende propongono dei piccoli calendari iniziali, vediamo brevemente anche questo supporto.

Il calendario è per definizione uno strumento utilizzato per la suddivisione del tempo e per la periodizzazione di esso. Lo scopo non è pertanto di calendarizzare gli impegni, ma tenere semplicemente sotto controllo l'andamento del tempo.

Per uno studente che ama programmare il proprio lavoro, anche il calendario è importante, forse è il primo strumento che deve utilizzare.

Nel momento in cui i docenti espongono le date delle loro sessioni degli esami, lo studente deve cominciare a prendere il calendario e contare i giorni.

Ipotizziamo di dover dare quattro esami in una sessione estiva con la seguente calendarizzazione delle prove:

	Giugno	Luglio	Settembre
Esame 1	12	1	2
Esame 2	14	10	4
Esame 3	11	9	1
Esame 4	18	7	6

Se ci siamo prefissati di dare tutti e quattro gli esami entro la fine del mese di luglio, una strategia importante è scegliere la composizione degli esami assecondando la differenza di giorni tra l'uno e l'altro. Ecco allora che potremmo dare l'esame 3 e l'esame 4 nella sessione di giugno con uno studio leggermente parallelo negli ultimi giorni, poi nella sessione di luglio l'esame 1 e l'esame 2.

La sessione di settembre per uno studente può essere utilizzata come salvagente o come spinta per dare un esame in più.

Il calendario è allora uno strumento importante per il conteggio e per la pianificazione iniziale dello studio, può essere mantenuto sempre sott'occhio oppure non essere mai utilizzato, ma in una prima fase di organizzazione è importantissimo. Un suggerimento che in moltissimi utilizzano è quello di cerchiare o segnalare con colori diversi il giorno di ogni esame ed evidenziare con lo stesso colore il lasso di tempo che si vuole dedicare alla preparazione del medesimo. Questo serve per focalizzare l'attenzione sull'obiettivo, soprattutto quando il calendario è da tavolo o affisso al muro, quindi costantemente visibile.

Esistono calendari che presentano, sia in formato digitale che nel cartaceo, dello spazio per la scrittura, ma sicuramente non è sufficiente per una pianificazione giornaliera, basta solo per segnalare il titolo dell'esame, l'ora e la sede in cui si svolgerà.

1.4 Il bullet journal

Il bullet journal appare, da chiuso, esattamente come un quadernetto monocromatico e spesso, ma in realtà è una sorta di agenda basata su un metodo flessibile e del tutto personalizzato per organizzare il tempo al meglio e divenire così più efficienti nello studio, nel lavoro e nella propria quotidianità; non solo, con il metodo si riesce a tenere traccia di tutto ciò che si è fatto nella giornata, che è molto utile, poiché ci permette di consultare i nostri impegni, i nostri obiettivi e soprattutto il modo in cui siamo arrivati a raggiungerli. Ciò che ha reso il bullet journal così noto è la personalizzazione che lo strumento unicamente offre, fornendo però al tempo stesso anche delle piccole linee guida.

Il sistema del bullet journal nacque a New York nello studio di un digital producer, Ryder Carrol. Costui andò anche a ideare il supporto, ovvero un notebook con carta puntinata che rendeva la pagina decisamente più comoda perché ha già stampati l'indice e i numeri di pagina.

Non è obbligatorio, per realizzare il bullet journal, comprare il quaderno ufficiale, in realtà se ne può usare anche uno scolastico e stampato a righe o quadretti, semplicemente la carta puntinata riesce a fornire un aiuto grafico senza generare una linea guida prepotente.

Scoperte brevemente le ragioni per cui il metodo è stato realizzato, vediamo come si può costruire il proprio organizzatore.

Abbiamo visto che il quaderno può essere vario e ad oggi, essendo diventato molto famoso e diffuso soprattutto sul web, sono stati stampati moltissimi modelli, quindi ognuno è libero di compiere le proprie scelte. Sempre sul web, si trovano tantissimi blog o video tutorial che spiegano tante tecniche e suggerimenti di realizzazione dell'agenda illustrata e si trovano infinite e meravigliose ispirazioni.

Ogni bullet journal è però suddiviso in sezioni:

- Indice: in cui si segnano le sezioni del quaderno con relativi numeri di pagina;
- Future log: in cui si trova uno sguardo generale dei mesi prossimi alla data di stesura, di solito si usa un trimestre, sui quali si cominciano a segnare gli impegni già presi;
- Monthly long: in questo caso abbiamo invece la vista mensile, non si prende più in considerazione una sezione trimestrale ma ci si focalizza su un mese alla volta. In poche parole, si segna il nome del mese come titolo della pagina, poi la si divide in due parti, a sinistra si scrivono le date con numero e iniziale del giorno, come un calendario (per esempio 23 MA), quindi vicino si riportano gli eventi o compiti relativi al giorno. Sulla parte destra invece si vanno a elencare gli obiettivi o tutto ciò che riguarda quel mese: interessi, pensieri, dubbi, obiettivi e così via.

- Alla fine del mese si realizza il monthly long successivo, poi si rivedono le cose che ci si era prefissati di fare, le si va a spuntare, a eliminare o a riscrivere nel mese successivo.
- Daily long: in questa sezione invece si pianificano le attività giornaliere coerenti con gli obiettivi prefissati nel piano mensile.
- L'agenda va scritta e compilata sempre la sera prima o la mattina del giorno stesso.
- Collection: l'ultima sezione è dedicata invece alle liste, ai progetti, ai libri o ai film consigliati, alle ricerche, agli obiettivi personali non solo di stampo lavorativo, accademico o economico. La sezione non ha una scadenza, è invece una sorta di promemoria, di raccolta di idee da spulciare di tanto in tanto, da cancellare o da riscrivere a seconda del momento e dei desideri.

Le sezioni non sono del tutto fisse, quelli che vi ho sopra proposto sono dei semplici suggerimenti, possono pertanto avere nomi diversi, possono essere in numero maggiore o minore, perché il quaderno è personalissimo solo se realmente non impone nulla. L'unica cosa che il metodo consiglia, è di inserire ogni nuova sezione all'interno dell'indice, che ovviamente è sempre in aggiornamento con l'avanzare dei mesi, così da rendere la consultazione molto più semplice e ancora più funzionale.

Abbiamo visto poco sopra che le sezioni sono piuttosto precise, ma all'interno la fantasia e le necessità dello scrittore devono prendere spazio. Importanti sono i colori per segnalare l'importanza delle cose da svolgere, cancellare quelle fatte o evidenziare quelle da rimandare. Il vero vantaggio del metodo, che richiede comunque molto tempo da dedicare alla scrittura, è quello di focalizzarsi davvero sulle cose importanti, così da non perdere tempo nel riscrivere quelle di poco conto o interesse.

In molti trovano scomodo il fatto che sia richiesta una grande manualità; è vero, online si trovano delle vere opere d'arte realizzati su questi quadernetti, ma in realtà non è necessario. La scrittura può essere del tutto semplice e la puntinatura fa si che ognuno possa personalizzare al massimo le pagine con tabelle, righe, collegamenti e molto altro ancora.

In ultimo, in molti trovano scomodo non poter visionare l'intera settimana tutta insieme. Per costoro ci possono essere due alternative: inserire anche una weekly long con i piani settimanali, oppure utilizzare un planner come quelli presentati nel paragrafo 1.1. La scelta di non includere lo sguardo settimanale è data proprio dallo scopo dell'oggetto: darsi degli obiettivi e concentrarsi sulla giornata, pianificare il presente e progettare così il futuro.

Anche per uno studente può essere un metodo importante e utile, deve però inserire una pianificazione della suddivisione dello studio tramite un supporto esterno o una sezione esterna.

Un altro aspetto decisamente positivo del bullet journal è la possibilità di riflessione che esso offre: alla fine del mese o dell'anno è importante riprendere il monthly long e rivedere ciò che abbiamo fatto, celebrare le nostre vittorie e rivedere le ragioni per cui siamo stati sconfitti. È sicuramente un ottimo strumento di revisione anche delle proprie strategie di studio: dopo un esame è bene rivedere come si aveva organizzato il proprio tempo e – in base al proprio risultato - capire se il piano era stato vincente o meno.

Capitolo 2
STUDIO STEP BY STEP

Scelto lo strumento più adatto per la nostra pianificazione quotidiana o mensile, passiamo ora a capire in quale modo organizzare il proprio tempo al fine di diventare il più possibile produttivi. Per prima cosa ricordiamoci che l'attenzione può essere mantenuta per un massimo di 40-45 minuti, poi il cervello comincerà a rallentare, pertanto è fondamentale strutturare delle piccole sessioni di lavoro da 40 minuti, a cui andiamo ad alternare delle pause da 15 minuti.

All'inizio possiamo aiutarci utilizzando dei timer, così da evitare di passare tutto il tempo a guardare l'orologio, poi impareremo a interiorizzare il tempo.

Inizialmente sembrerà impossibile lavorare per 45 minuti filati, quindi arriveranno distrazioni, si tenderà a guardare fuori dalla finestra o a disperdersi nell'ambiente, per questo è importante utilizzare il timer con costanza, così da abituare il cervello a lavorare per quel lasso di tempo.

Sarà difficile cominciare e forse nei primi giorni sentiremo il bisogno di fare anche una piccolissima pausa intermedia, concediamocela.

23

Per preparare con calma un esame universitario, è consigliabile studiare circa 5 ore al giorno distribuendone tre la mattina e due il pomeriggio, con una bella pausa pranzo lunga. Non tutti hanno però tutto questo tempo. Ci sono persone che hanno magari un paio d'ore la sera, ottenute dopo una lunga giornata faticosa.

Il primo consiglio che voglio dare a chi deve approcciarsi allo studio serale è quello di fare una pausa rilassante, utile per lasciare i problemi di lavoro o quotidiani da parte e liberare la mente. In tanti, per ottenere questo risultato, praticano delle piccole sessioni di meditazione, altri preferiscono un bagno rilassante, altri ancora invece stanno al PC o al telefono o praticano il loro hobby preferito. Ognuno, a seconda della propria persona, deve scegliere la propria attività e compierla prima di mettersi a studiare. A questo punto dividiamo le due ore di lavoro in due sessioni da 45 minuti, durante le quali allontaniamoci da ogni fonte di distrazione.

Prepariamo l'ambiente al meglio: una buona luce che illumina il libro o i fogli, ordine sul tavolo, acqua o tisana a seconda delle preferenze e, se necessario, chiudiamo la porta, così da limitare i rumori.

A tal proposito, è bene soffermarci per un momento sull'accompagnamento musicale: tanti amano studiare con la musica in sottofondo, utile per scandire il tempo e sovrastare le voci o i rumori di fondo che possono distrarre. È importante però scegliere il genere giusto: non possiamo pensare di studiare al meglio se ascoltiamo una musica molto coinvolgente che ci spinge a seguire le parole del testo, a cantare o a scatenarci. Per queste ragioni si consiglia spesso la musica strumentale di qualsiasi genere, priva quindi di parole, oppure della musica di cui non si conosce il testo. Similmente, tante persone fanno i compiti o studiano accompagnati da video o programmi televisivi. In questo caso invece mi sento di sconsigliarlo vivamente, perché le parole, le scene e le immagini tendono a distogliere lo sguardo dal testo scritto. Quando poi si tratta di memorizzare, è importantissimo limitare ogni fonte di distrazione, ma lo stesso vale anche quando si legge, si schematizza o si riassume, così da far fruttare al meglio ogni momento di attività cerebrale.

Passiamo ora all'organizzazione vera e propria, step by step, dello studio.

2.1 L'organizzazione del materiale

Quando si decide di leggere un manuale come questo, spesso si trovano pagine e pagine ricche dei soliti consigli organizzativi, tra i quali l'ordine sul tavolo, spegnere la TV, prendere l'acqua e avere tutto a portata di mano. Bene, io non vi parlerò di tutto questo, quindi entriamo direttamente nel cuore della questione.
La prima cosa che va davvero fatta è procurarsi il materiale. Quando si prepara un esame universitario si possono avere a disposizione diversi libri, appunti o slide fornite dai docenti. Prendiamo subito la bibliografia del corso e andiamo a segnare tutto ciò che abbiamo o che ci manca come un elenco a punti. È necessario avere tutto a disposizione per poter procedere con una accurata suddivisione dello studio.
Ognuno ha i propri metodi: qualcuno preferisce la carta, altri il formato digitale, altri ancora – nel caso di chi ha delle slide - amano consultare alcuni materiali in formato digitale solo con lo scopo di appuntarsi le nozioni principali dove necessario.

Ecco, una volta che sul nostro tavolo abbiamo ogni libro, ogni pagina di appunto e ogni slide (stampata o non), riprendiamo subito il nostro programma di esame. Spesso i docenti dividono per moduli o per sezioni il programma e nello stesso modo fanno per la bibliografia, ovvero i libri da studiare.

Facciamo anche noi la stessa cosa: dividiamo per pigne i materiali, in questo modo andremo a raggrupparli per macro area. Sarebbe inutile iniziare a leggere i libri in modo completamente casuale, è invece forse più utile procedere secondo uno schema logico, che poi è lo stesso consigliato dal professore. Se si è seguito il corso con il docente, forse questa fase appare più semplice: andando a leggere l'indice o un estratto dei libri, sapremo in quale momento dello studio degli appunti andare a consultarli. È importante controllare che tutte le lezioni siano state seguite, eventualmente contattiamo amici, colleghi o conoscenti online così da recuperare anche gli appunti persi.

Se invece siamo studenti non frequentanti, come spesso accade per gli studenti lavoratori, non avremo sicuramente a disposizione gli appunti, quindi dobbiamo solo cercare di trovare, mediante l'uso del sommario, i punti di contatto tra i libri, che spesso tra di loro si richiamano in qualche modo. Utilizzando già questo schema di connessioni mentali, riusciremo poi in sede di esame a collegare tutti i materiali tra di loro e nella nostra testa sembreranno molto meno voluminosi.

Se invece non esiste una vera e propria bibliografia preparata da un docente, andiamo noi a cercare tutto il materiale che ci sembra utile sull'argomento e suddividiamolo usando gli indici e gli argomenti che il libro, l'articolo o il saggio promettono di affrontare. In questo modo andremo a lavorare per contenuti e non per pagine e faremo un lavoro qualitativamente migliore.

Apriamo una piccola parentesi utile per chi invece ha un programma di lavoro più ridotto: anche in questo caso è sempre importante prima di tutto reperire tutto ciò che è necessario e poi riordinarlo secondo uno schema logico o cronologico.

Per quanto riguarda invece quegli esami che richiedono anche una preparazione pratica di esercizi o applicazioni tecniche, è importante raccogliere e ordinare accuratamente tutte le esemplificazioni ed esercitazioni fatte dagli insegnanti o assistenti dei professori. Spesso tanti studenti mettono in vendita i loro appunti, anche se a oggi i docenti lavorano maggiormente in modalità a distanza e caricano sempre all'interno di piattaforme online le video lezioni, gli appunti o qualche documento di aiuto per gli studenti. Facciamo sempre attenzione ai soldi che stiamo andando a spendere, così da affidarci a colleghi di studio con buone referenze.

Gli appunti non sono solo uno sconto al programma di studio: spesso anche agli studenti non frequentanti è consigliato reperire degli stralci delle lezioni, così da avere uno sguardo sul programma e conoscere quali sono i punti sui quali il professore tende a soffermarsi ed eventualmente ottenere anche qualche chiarimento dei libri di testo.

Ricordiamoci sempre che gli appunti non sono mai univoci e validi per tutti, ognuno ha i propri metodi di segnare le cose e ciò che per un autore può apparire importante e rilevante, per un altro può essere superfluo e poco importante.

Se decidiamo di utilizzare i formati digitali di appunti, libri o file di studio, facciamo in modo che siano agibili e modificabili. Esistono tantissime app per computer o tablet con le quali possiamo influire sul testo con sottolineature, evidenziatore, forme, frecce e scritte a lato. L'importante è far si che il testo sia il più possibile personalizzato.

2.2 Il metodo Cornell

Parlando di organizzazione dei materiali non ho potuto non citare gli appunti, che per gli studenti che frequentano le lezioni sono uno strumento fondamentale.

Spesso i docenti si basano unicamente sulle spiegazioni date alle lezioni per impostare le domande durante un esame, ma lo stesso vale anche per gli studenti di tutte le età. Chiaramente gli appunti devono essere sempre integrati con i libri di testo e i materiali forniti.

Anche chi non frequenta delle lezioni frontali può sentire la necessità di appuntarsi quanto appreso da un testo o da un video trovato nel web, pertanto anche per gli adulti è importante sviluppare una metodologia efficace.

Se sono così importanti, allora è fondamentale prendere bene gli appunti e in questo paragrafo voglio proporre un metodo innovativo, utile per coloro che non hanno ricevuto linee guida corrette per le proprie esigenze o per chi ancora non si trova bene con le proprie metodologie.

Il metodo Cornell venne ideato dal Professore Walter Pauk presso l'università statunitense Cronell, nel 1989.

La struttura della pagina, che andremo a vedere tra poco, ha lo scopo di favorire l'apprendimento e accorciare drasticamente il tempo del ripasso. Ovviamente il metodo presuppone un lavoro attento in aula e costante a casa, luogo in cui si è chiamati a dedicare del tempo alla revisione. Se si svolge bene l'attività, il tempo da dedicare allo studio di questi materiali si ridurrà parecchio.

Secondo il metodo il foglio deve essere diviso in sezioni: una striscia in alto è dedicata alla data della lezione, al numero progressivo della stessa (la numerazione può essere importante per gli studenti universitari che conteggiano le lezioni da seguire) e al titolo dell'argomento. Quest'ultimo può essere inserito anche al termine della lezione se il docente non propone un titolo preciso all'inizio.

A questo punto la pagina deve essere divisa in due parti verticalmente: una a destra più larga nella quale vanno presi molto velocemente gli appunti utilizzando abbreviazioni, elenchi, punti e poche frasi composite ed estese. In questa sezione vanno inseriti anche eventuali schemi che possono essere utili per la memoria, segni, simboli o rimandi grafici di qualunque genere.

Nella colonna di sinistra, più stretta, vanno invece inserite, al termine della lezione, le parole chiave che si possono riferire al paragrafo di appunti e le domande chiave per il ripasso. Le parole chiave possono essere scritte anche durante la lezione stessa, prese magari dalle parole dette dai professori.

Spesso gli studenti provano un senso di indecisione o di insicurezza difronte all'attribuzione di importanza o meno ad un argomento, quindi per stabilire in quale colonna andare a inserire le suddette parole, si può usare una strategia: ciò che è generico va nella colonna di destra, ciò che è specifico a sinistra.

Per sapere se il lavoro è stato fatto bene, basta coprire la colonna di destra e provare a ripetere la lezione usando i soli rimandi che abbiamo scritto. Se in qualche modo si riesce a proporre un riassunto dell'argomento, allora il metodo è stato applicato correttamente.

In ultimo, sul fondo degli appunti, si traccia una riga in orizzontale, creando così una sezione dedicata al riassunto e alle note. In questa parte della pagina annotiamo le domande che sorgono durante la fase di revisione e che possono essere poste ai docenti, i collegamenti con appunti, libri o argomenti esterni e le informazioni utili che devono essere tenute sott'occhio.

Inoltre, si può aggiungere anche un piccolo riassunto del contenuto degli appunti e della lezione, così da facilitare lo studio senza perdite di tempo.

I fogli così strutturati possono essere semplicemente realizzati a mano, costruiti manualmente in formato digitale al computer o su tablet così da crearne infinite copie. Parlando proprio della videoscrittura, tantissimi a oggi utilizzano questi strumenti per la stesura dei propri appunti, sia con penna touch che con la tastiera. Per chi usa questi supporti consiglio di andare a incollare nella colonna di destra anche le slide fondamentali, immagini prese dal web o le innovative gif, che colpiscono molto lo sguardo e aiutano nella memoria.

Per chi invece preferisce un foglio prestampato, esistono i formati in PDF online che possono essere stampati, ma anche interi quaderni disponibili nelle cartolerie o nelle piattaforme digitali più note. Il prezzo è leggermente più elevato rispetto a quaderni classici, ma hanno anche delle copertine più colorate e studiate, che ripropongono spesso anche i classici quaderni con prezzi più alti.

2.2.1 Simboli

Abbiamo parlato, durante la spiegazione della stesura degli appunti, che sono importanti le frecce, le immagini, i disegni ma anche i simboli, perché questi ultimi trattengono al loro interno delle frasi, delle parole o delle immagini, ma hanno la facoltà di riproporle in modo rapido, veloce, visivo e soprattutto ridotto nello spazio. Prendere appunti con i simboli ci permette anche di risparmiare tempo nella scrittura, così da poter seguire al meglio le parole pronunciate dai docenti. Non solo, sono utilissimi anche nella realizzazione di schemi o mappe, proprio per la loro incisività grafica.

Per poter fornire una spiegazione più chiara, ho pensato di introdurre una piccola tabella riassuntiva dei simboli maggiormente utilizzati. Consiglio sempre di scegliere quelli che a proprio parere sono più logici e usare la fantasia per crearne degli altri, altrimenti si rischia di perdere tempo tutte le volte che si studia a capire cosa abbiamo fatto o scritto.

SIGNIFICATO	SIMBOLO
Più	+
Meno	-
Per	X
Circa	~
Quindi	=>
E	&
O	V
Maggiore	>
Minore	<
Uguale	=
Diverso	≠
Giusto/vero/corretto/buono	√
Sbagliato/scorretto/falso/cattivo	X
Con	CN

Altri modi per velocizzare la scrittura e accorciare i tempi durante la stesura degli appunti sono le abbreviazioni, le frecce o dei piccoli disegnini. Se il docente parla di una relazione tra due persone possiamo scriverle così: "Andrea ♥ Giovanna", se la relazione invece è stata interrotta possiamo barrare il cuore, se il protagonista è morto usiamo una croce e così via sino a divenire il più automatici possibili. L'automatismo nel cogliere il collegamento simbolo – concetto non deve avvenire solo in fase di scrittura, ma soprattutto in fase di rilettura, altrimenti non riusciamo a cogliere ciò che abbiamo scritto.

Lascio un ultimo suggerimento: molto spesso, negli appunti di storia, si tende a confondere la X con significato "per", con il numero romano 10. Per non cadere in confusione, consiglio di scrivere il numero romano in questo modo, così da non cadere più in errore ed evitare di fare figuracce durante l'interrogazione: X.

2.3 Leggere e sottolineare

Arrivati a questo punto, sappiamo più o meno di quante pagine è composto il nostro esame. Non possiamo ancora sapere quanto tempo ed energia è bene dedicare alle parti singole, perché ancora non abbiamo letto il contenuto, quindi dedichiamo pari tempo a tutto e andiamo a dividere il lavoro giornaliero. A seconda del tempo che abbiamo al giorno e all'esame, andiamo a dividere le pagine. Il mio consiglio è di fare questo step quando ancora si ha un buon lasso di tempo.

In un primo momento dobbiamo dare una semplice lettura al tutto, accompagnandola con una sottolineatura, di cui parleremo meglio in seguito. Possiamo pensare di leggere e sottolineare fino ad un massimo di 20 pagine all'ora, ma se ci accorgiamo subito i primi giorni che dopo 15 pagine cominciamo a non capire più nulla, regoliamo il nostro programma in modo più intelligente.

Parliamo a questo punto di uno scoglio davvero difficile: la sottolineatura. Questa fase è molto importante e bisogna seguire a tutti i costi lo schema del "less is more". Se andiamo a sottolineare indistintamente tutte le parole, sprecheremo solamente il nostro tempo.

Utilizziamo dei colori: ad esempio uno per i nomi, uno per le cifre o le date e uno per le informazioni meno importanti. Non utilizziamo però più di tre colori, altrimenti finiamo per avere un arcobaleno sulla pagina, che altro non farà se non confondere completamente il nostro sguardo. La sottolineatura deve essere qualcosa che ci fa balzare il concetto all'occhio, pertanto non deve creare in alcun modo confusione. La pagina deve essere il più possibile pulita.

Quando leggiamo, cerchiamo di farlo con molta calma, non andiamo direttamente a solcare la pagina con il colore, ma riflettiamo sulle parole. Leggere 20 pagine in un'ora è una sciocchezza, ma non se lo si fa con la massima attenzione.

Al termine di ogni ora di lettura, se fatta bene, potremmo già essere in grado di ripetere quello che abbiamo letto.

Alcune persone preferiscono leggere più volte lo stesso testo e svolgere fino a tre sottolineature: una a matita, una a evidenziatore e una in penna. Io credo invece che basti fare le cose con calma e con concentrazione una volta sola, per poi procedere a rivedere il materiale già con una prima conoscenza generica dei contenuti.

Alla fine della prima lettura di tutte le pagine, potremo discernere l'importanza dei materiali, sapremo quanto è complesso il programma e in quale modo vogliamo effettivamente affrontare ogni singolo libro o sezione di esso, quanto vogliamo essere pronti o consapevoli il giorno dell'esame. A questo punto riscriviamo il nostro piano di suddivisione, andando a dedicare maggior tempo alle parti più complesse e un tempo invece inferiore a quelle meno importanti.

Con calma imparerete poi a sottolineare davvero solo le cose fondamentali: con il colore di fondo non dovete cercare di costruire delle frasi, ma evidenziare i concetti importanti, quelli che nel prossimo capitolo andremo a riassumere all'interno del termine "parola chiave".

Non fidatevi mai di chi vi dice che la pagina deve essere intonsa, assolutamente no! Deve essere sicuramente ordinata, altrimenti nel disordine non si capisce nulla, ma la pagina deve essere personale. Ognuno ha un colore che rimanda maggiormente a una cosa piuttosto che a un'altra, è bene quindi individuarlo e utilizzarlo. Altri ancora invece preferiscono sfruttare stili di sottolineatura diversi come il serpente, la doppia riga, il tratteggio o la cerchiatura. L'importante non è lo stile o la bellezza, ma la forza di richiamo del concetto che la coloritura o la sottolineatura trattiene.

2.3.1 Le parole chiave

In questo paragrafo andiamo a scoprire cosa sono le parole chiave e come ritrovarle nel testo. Per spiegarne il concetto mi servirò di un esempio: le ricerche sul web. Quando vogliamo cercare un concetto, un'informazione, un'immagine o qualunque cosa su internet, non facciamo altro che digitare il concetto che ci servono reperire nella barra di ricerca. Ovviamente non scriveremo mai una lunga frase, ma solo alcune e semplici parole. Queste sono proprio le parole chiave che il sito web deve contenere per soddisfare la nostra richiesta.

La parola chiave in un testo di studio non è altro che la parola che rimanda al concetto centrale di quella porzione di testo, attraverso la quale si è in grado di ricostruire un collegamento, un pensiero o una connessione logico – cronologica.
Trovare questi termini non sempre è facile, soprattutto per chi si trova alle prime armi, o per chi da molto si sente distante dallo studio. Proprio per accompagnare i giovani studenti, i testi proposti agli alunni delle scuole elementari e medie, spesso presentano tali

espressioni già scritte in grassetto per facilitare gli studenti nel percorso di apprendimento.

Quando però ci si trova a dover studiare dei tomi universitari o saggi economici, gli scrittori ed editori danno già per scontato che i lettori abbiano un buon metodo e soprattutto dei prerequisiti tali per cui non serve mettere in evidenza dei termini.

Il metodo che i nostri insegnanti delle medie ci hanno insegnato è giusto, hanno fatto il loro lavoro, il problema è che non è applicabile a tutto. In quel momento, noi avevamo un massimo di venti pagine da studiare, ora, in università ad esempio, abbiamo ci viene richiesta una conoscenza di 4 o più libri. Bisogna semplicemente prendere quel metodo e rielaborarlo, coltivarlo e adattarlo alle nuove esigenze.

Torniamo però all'argomento centrale del paragrafo: la ricerca della parola-chiave. Il metodo è in realtà molto semplice: i libri sono già divisi per capitoli, per paragrafi e in ultimo per capoversi. Anche gli articoli di giornale o i saggi sono similmente predisposti. Le regole testuali impongono che lo stacco, il punto a capo e il capoverso debbano essere utilizzati quando si cambia argomento, pertanto all'interno di queste sezioni si trova un piccolo concetto, che dobbiamo ritrovare in alcune parole che potrebbero fungere da titolo dello stesso. Non sempre si trovano le parole adatte, talvolta vanno aggiunte manualmente.

Vi faccio un piccolo esempio utilizzando una semplicissima favola della tradizione.

C'erano una volta un cavallo e un asino che vivevano nella medesima stalla.

Il loro padrone amava e adorava entrambi, al punto che donava a ciascuno la medesima dose di attenzioni e cure indistintamente.

Però, quando si trattava di lavorare, portare i sacchi di frumento e i prodotti da vendere al mercato del paese, sulla groppa del cavallo, maestoso e altezzoso, ne caricava solo due, mentre sulla groppa dell'asino, buono, caparbio e mansueto, ne caricava sempre almeno il doppio

All'asino andava bene così, lui era abituato al lavoro sodo e sapeva che quello era **il suo compito**. In più ammirava davvero la bellezza e l'eleganza del cavallo, e quindi si era convinto che fosse giusto dividere in questo modo il carico, così da preservare la sua bellezza.

Un giorno però, andando al mercato, il loro padrone non si rese conto di aver **caricato eccessivamente l'asino**, così poco dopo aver lasciato la porta del fienile, l'asino cominciò a barcollare a causa del peso e poco dopo perse l'equilibrio.

Il testo che ho preso da esempio è tratto da una nota favola della tradizione orale, quindi ha un testo e un lessico molto semplice, ma la scelta è ricaduta su tale esempio non per il lessico, bensì per la netta divisione che l'autore ha inserito nella narrazione.
In grassetto ho evidenziato le parole chiave di ogni capoverso.
Nel primo paragrafo vediamo le parole "un cavallo e un asino", ovvero i due personaggi centrali del racconto. Nel secondo invece ho scelto delle parole che potessero richiamare il lavoro dell'asino, che sappiamo tutti essere quello del trasportatore. Nell'ultimo invece ho scelto l'azione subita dall'asino, l'essere troppo carico.
Con queste poche parole possiamo già ricostruire il pezzo di storia che abbiamo letto.

Le parole chiave vanno necessariamente rintracciate ed evidenziate nel testo in modo distintivo. Se abbiamo scelto di utilizzare dei colori per l'evidenziatura di base, utilizziamo per il termine chiave una forma tracciata a matita o a penna: cerchiamo, riquadriamo i termini.

Un'altra cosa importante, al fine di rendere le parole chiave ancora più lampanti all'occhio, è riscriverle accanto al testo. Il mio suggerimento è quello di scriverle vicine mediante delle piccole modifiche stilistiche e dimensionali differenti a seconda dell'importanza del termine (scritte in maiuscolo o minuscolo, colorate etc).

Parlando delle parole chiave segnate a margine del testo, parliamo anche dei titoli dei paragrafi, che sono anche essi uno strumento importante per tante fasi dello studio: la schematizzazione e la ripetizione a voce alta.

Durante la lettura dobbiamo sempre porre l'attenzione e la focalizzazione sul contenuto, pertanto è sicuramente facile inserire un piccolo titolo che faccia da riassunto al pezzo di testo.

Vi faccio un altro esempio:

> La **somiglianza** tra i due soggetti è incredibile. Hanno lo stesso abito gessato, lo stesso cappello in panno nero e camminano quasi zoppicando. Sui **quarant'anni**, bianchi, e con una **barba** fresca di rasatura. Entrambi tengono con **la mano sinistra una borsa di plastica** da supermercato, dalla quale gocciola un liquido strano. Spingendo la porta del **ristorante** hanno urtato una signora anziana con il bastone che stava uscendo dal locale. Senza nemmeno voltarsi per chiedere scusa, si sono avviati verso il fondo della stanza urtando e **facendo cadere** al loro passaggio sedie vuote,

tavoli o qualunque cosa che li intralciasse. Arrivati a un tavolo, poi hanno tirato via la tovaglia da poco apparecchiata come dei maghi impacciati e violenti. I bicchieri e i piatti hanno volteggiato prima di cadere a terra rompendosi in mille cocci. Uno dei due ha dato un calcio a una bottiglia di vino che è andata a sbattere sui piedi di un uomo, il quale non ha mosso un dito. **Un cameriere**, senza dire nulla, **ha rimesso a posto** le sedie, i tavoli e gli oggetti urtati, mentre un altro ha tirato fuori una scopa e ha ripulito il pavimento dai pezzi di vetro e porcellana.

I clienti hanno assistito senza fiatare a una scena simile a quella di un film. Qualcuno ha continuato a mangiare come se non fosse successo niente, altri hanno alzato lo sguardo appena appena, per poi tornare al proprio pasto. **I due** hanno posato le borse sul tavolo che si sono sparecchiati e **con un battito di mani hanno chiamato il cameriere**. Il ragazzo che stava spazzando il pavimento, ha subito posato la scopa e si è avvicinato alla tavola e ha detto:
- I Signori desiderano?...
- Questi hanno riso. Uno ha tirato per la cravatta rossa il cameriere per farlo abbassare fino al livello del tavolo.
- Razza di **piccolo stronzo**, portaci della birra rossa, pepe, aceto e limone.
- Subito, signore!

Anche per questo estratto, lessicalmente più complesso rispetto al precedente, ho svolto le stesse azioni: ho letto il testo fermandomi a ogni punto fermo che mandasse il testo a capo, quindi ho rintracciato le parole chiave e ho pensato al contenuto del frammento, che ho poi riassunto nelle poche parole che potrei scrivere accanto.

Nel primo paragrafo si vedono descritti i due protagonisti, quindi il titolo che meglio potrebbe riassumere, a mio parere, il paragrafo potrebbe essere: "Due gemelli loschi e violenti". I termini devono essere però conformi all'immagine che a essi noi andiamo a realizzare: dalla piccola frase noi dobbiamo essere in grado di andare a realizzare un'immagine in cui due persone molto simili tra loro entrano e mettono a soqquadro un locale.

Nel secondo paragrafo avviene invece un dialogo, dal quale si evince come i due soggetti sono noti nel luogo per la loro arroganza. Io ho scelto questo titolo: "Il silenzio obbediente del locale".

2.4 L'Indice

Arrivati a questo punto, tutti i migliori metodi di studio suggeriscono di passare subito alla buona pratica della schematizzazione o alla stesura di un buon riassunto, ma alla spiegazione e alle differenze tra i due dedicheremo un capitolo a sé stante.

In questo paragrafo andremo a parlare dell'indice, che è invece uno strumento importante che va realizzato proprio in questo momento ed è utilissimo per infinite ragioni: serve per conteggiare la quantità di concetti da imparare, trovare i punti di unione tra i libri, gli appunti o altri materiali, cogliere la dimensione degli argomenti e la loro complessità. Non solo, in fase di ripasso ci aiuterà a realizzare un discorso coeso e completo, ripetere a voce alta e infine può essere un ottimo alleato per gestire la nostra conoscenza e capire su quali argomenti siamo più o meno pronti.

In editoria un indice è l'elenco ordinato dei capitoli, paragrafi e sezioni di un libro, esattamente come quello che si trova all'inizio di questo libro e serve semplicemente per indicare al lettore il numero della pagina in cui trovare l'argomento di interesse. Diversamente, può anche servire per cogliere il vero contenuto del libro e quindi capire se è di proprio interesse o meno.

Anche durante lo studio l'indice è una cosa importantissima: quando studiamo un libro, andare a rivedere l'indice ci serve per ricontrollare la nostra conoscenza del documento o dell'argomento e al tempo stesso ci permette di capire se un dato contenuto lo abbiamo già affrontato durante altre letture, cosa che spesso avviene durante lo studio degli appunti delle lezioni. Sia per questi ultimi che per un libro, possiamo però redigerne uno nostro. Io consiglio spessissimo di stenderne uno soprattutto quando si studia la storia di un argomento, la storia della musica, del cinema o la storia contemporanea, ad esempio, così da avere subito sott'occhio gli eventi maggiori.
La scaletta o indice che sia, è importantissima per il momento del ripasso, perché ci permette di avere vicino un elenco degli argomenti che vanno toccati quando si deve esporre la materia.

L'indice deve prevedere, come per un libro, dei titoli ma anche dei sottotitoli, quindi avremo il macro argomento, al di sotto del quale troveremo tanti piccoli contenuti.

Per prima cosa vi presento lo stralcio di una scaletta che ho realizzato ipotizzando di dover preparare un esame di storia moderna:

1.   LE GRANDI SCOPERTE
      -    I primi viaggi

- Viaggi per mare: Colombo, Vespucci, Caboto, Magellano…
- Viaggi per terra

2. MONARCHIE E IMPERI TA XV E XVI SECOLO
   - FRANCIA
   - SPAGNA
   - INGHILTERRA
   - IMPERO GERMANICO
   - Pace di Lodi
   - Carlo VIII
   - SITUAZIONE ITALIANA

3. RIFORMA LUTERANA
   - 95 TESI
   - Seguaci e oppositori

4. CALVINO
   - Differenze con Lutero

5. LA CONTRORIFORMA E CARLO V
   - L'impero di Carlo V ed eredità
   - Il concilio di Trento
   - L'ordine dei Gesuiti

Andando ad analizzare l'esempio che ho inserito qui sopra, possiamo notare che sono stati utilizzati caratteri differenti e rientri diversi che rendono visivamente il tutto più chiaro e danno una maggiore o minore importanza e specificità a quello che si sta affrontando.

Come si può vedere, ho utilizzato anche la numerazione, che è fondamentale anche per spartire il ripasso nelle ore o nei giorni (durante la mattinata mi dedico al ripasso dei primi 10 punti, nel pomeriggio degli altri); sono anche utili per richiamare le informazioni alla memoria: so che in questa parte di programma ci sono, ad esempio, dieci argomenti.

L'indice non deve essere per forza realizzato in formato digitale, anche in questo caso ognuno sceglie il medium che più preferisce: c'è chi ama l'ordine tecnologico, che comunque ci permette continue modifiche, evidenziature, barrature e sottolineature e invece altri apprezzano maggiormente la carta, più semplice da trasportare. Ognuno deve fare la scelta che più apprezza.

Una scaletta può essere svolta a partire da un breve o lungo testo scritto, pertanto il metodo funziona bene anche per coloro che devono ricordare un discorso o poche pagine, come avviene per gli studenti delle scuole medie e superiori.
Il testo di seguito proposto è una riscrittura riassunta da parte mia di un episodio dell'Iliade, Ettore contro Achille.

(1) Il primo attacco di Achille andò a vuoto e la lancia si piantò nel terreno.
"Mi hai attaccato come un principiante" canzonò l'avversario.

(2) La dea Atena, intanto senza farsi vedere da Ettore, raccolse prontamente l'arma e la restituì al protetto Achille.

(3) Venne quindi il momento per Ettore di attaccare, ma la sua lancia venne respinta dallo scudo che Achille aveva ricevuto in dono da sua madre.
Teti, infatti aveva chiesto a Efesto, il fabbro degli Dei, di realizzare uno scudo e un'armatura invincibile per vendicare

il non riconoscimento della forza del figlio da parte dei compagni achei.

(4) Disarmato, Ettore attese invano un intervento divino, un aiuto, una nuova arma, ma ben presto realizzò che gli Dei l'avevano abbandonato.

(5) Achille ne approfittò: sistemò per bene lo scudo davanti al suo petto e cominciò la sua avanzata verso il nemico.
La lama della sua lancia luccicava come una stella in piena notte.
Achille mirò un punto del corpo di Ettore che non era protetto dall'armatura e scagliò la lancia contro il suo collo nudo trafiggendolo.

(6) Prima di morire Ettore riuscì a emettere con un fiato di voce le sue ultime parole: "per pietà Achille, dimostra di avere un cuore e restituisci il mio corpo a mio padre Priamo, affinché il popolo di troia possa rendermi un ultimo omaggio con il funerale".
Achille rispose che non avrebbe esaudito la richiesta nemmeno per tutto l'oro del mondo.

(7) Sotto gli occhi terrorizzati del popolo di Troia che guardava dalle torri il duello, Achille legò il corpo morto di Ettore al suo carro e lo trascinò attorno alle mura come un macabro trofeo.

Nonostante il testo sia molto semplice, si presta in realtà molto bene per l'esercizio che stiamo ora andando a svolgere.
Lo scopo è quello di analizzare le parti e lo svolgersi degli eventi.

Ho inserito nel testo dei numeri, che indicano proprio in ordine le azioni svolte dai protagonisti; io ne ho individuate 7. Facciamo sempre lo stesso procedimento: riportiamo i sette punti al di fuori del testo, dando a ciascuno di loro un titolo. Per fare questo possiamo ricercare le parole chiave, oppure - vista la brevità del testo - andare ad assegnare un titoletto assecondando la propria logica. Per questa attività semplice, ho scelto la seconda possibilità.

1.   Attacco vuoto di Achille
2.   Intervento di Atena
3.   Le armi di Achille
4.   Ettore abbandonato dagli Dei
5.   L'attacco vincente
6.   Ettore supplica Achille
7.   Achille crudele

Se l'elenco a punti che abbiamo fatto sopra è molto utile per lo studio di un vasto programma, questo secondo invece è perfetto per testi di media lunghezza. Va benissimo anche per ricordare un testo antologico lungo diverse pagine, una storia, una favola o un romanzo dalla trama molto asciutta, di cui sono richiesti i dettagli o una presentazione orale che si intende esporre.

Sembrano tecniche scontate, utili solo ai ragazzini di undici anni, mentre invece sono dei metodi che tutti dovrebbero utilizzare.
Perché tutti i presentatori e speaker hanno una cartellina mentre parlano in diretta? Proprio perché su questa hanno la loro scaletta su cui sono segnate le parole evocative, come quelle che abbiamo scritto poco sopra.
Se noi ora andassimo a prendere quei sette punti, dopo solo una lettura molto frettolosa, sapremmo raccontare l'intero episodio senza incepparci e senza dimenticare alcun frammento.

Quando un manager o un responsabile aziendale deve presentare un progetto, ha la necessità di apparire chiaro e appetibile, altrimenti rischia di farlo perdere di potenziale o credibilità. Ecco che anche per lui interviene la scaletta o indice, mediante la quale riesce a esprimersi in modo ordinato, coerente, logico e comprensibile per tutti. La scaletta dona anche calma a chi deve raccontare e solo con quest'ultima si riesce a realizzare un discorso valido e apprezzato.

Una cosa importante dell'elenco è la presenza dei numeri: "Ricordo che questo episodio è fatto di 7, 9, 5 passaggi" ad esempio. Non serve conoscere i titoli di ogni punto, il mio consiglio è quello di tenerlo sotto gli occhi per almeno un paio di ripetizioni, poi allontanarlo a mano a mano.

Il metodo non è funzionale per chi invece ha la necessità di imparare qualcosa a memoria, come una poesia, una serie di parole o numeri. Di questo parleremo più avanti nel libro; per ora limitiamoci ad un apprendimento rielaborato di un concetto.

2.5 Lo schema

Uno schema è una semplificazione di una realtà, di un fenomeno, di un oggetto o di un problema in forma tendenzialmente grafica. Lo scopo principale di uno schema non è la quantità di concetti che viene inserita, bensì la semplicità, la visione e la grafica. Con questo non si intende che uno schema deve essere solto bello e colorato, deve essere ben disposto e chiaro.

Per realizzare uno schema utile, i passaggi preparatori sul testo devono essere fatti bene: una lettura attenta, una sottolineatura semplice e una ricerca delle parole chiave accompagnate anche dalla numerazione all'interno del manuale. Sono proprio queste ultime che devono essere utilizzate per realizzare lo schema.

Gli schemi possono essere di due tipi: a cascata o a forma radiale.

Il primo tipo vede il titolo collocato in alto e al centro, con una serie di argomenti che si diramano scendendo verso il basso. Il secondo invece trova il titolo al centro, a partire dal quale si diramano poi gli argomenti.

Nel primo caso noi prenderemo in analisi un macro argomento, un tema primario, che deve essere poi diviso in sottoargomenti seguendo una logicità diramata o una consecutio di momenti in ordine cronologico.
Nel secondo tipo di schema abbiamo diversamente più possibilità di mettere sullo stesso piano tanti elementi.
In entrambi i casi il consiglio è però sempre quello di utilizzare dimensioni e grafie differenti a seconda dell'importanza delle parole che si vanno a scrivere, ma anche delle date o dei nomi propri. È una scelta libera dell'autore l'uso di cerchi, ovali o rettangoli all'interno dei quali inserire il testo.

Vediamo un esempio relativo ciascuna tipologia utilizzando per il primo tipo di schema il testo relativo lo scontro tra Achille ed Ettore inserito nel capitolo 1.3, perché presenta momenti che si susseguono. Per realizzarlo utilizziamo le frasi che abbiamo inserito nell'elenco a punti e le sottolineature che però personalmente non ho voluto inserire, lasciandole al lettore come esempio di prova.

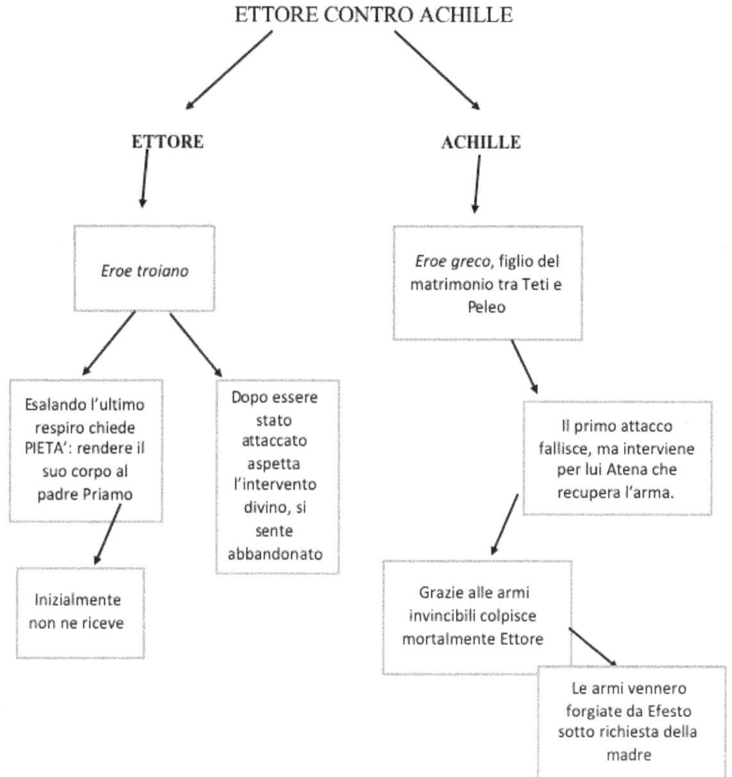

Come si vede, lo schema si apre con il titolo della vicenda e si dirama seguendo le vicende dei due protagonisti. Nel primo box si danno le informazioni più generali, poi, a mano a mano che si ramifica, si trovano informazioni più precise. Di Ettore, infatti, è stato detto lo schieramento di appartenenza, le due mosse in battaglia e poi si precisa l'esito finale.

Anche per Achille è stato precisato lo schieramento ma anche la famiglia di appartenenza, fondamentale per richiamare l'ultimo rettangolo relativo la provenienza delle armi che lo porteranno alla vittoria.

Lo schema può essere arricchito parecchio mediante richiami alla pietas o all'Olimpo, ma non era necessario per questo genere di esemplificazione.

Ora vado invece a presentarvi uno schema a cascata molto più semplice, utile invece per chi ha un esame universitario da preparare o in generale per un pubblico più adulto che ha meno tempo da dedicare alla bellezza dello schema. Lo schema può essere diviso anche in step.

LUTERO → 95 Tesi -> chiesa di Wittemberg
    → stampate, tradotte e diffuse → arriva a tutto il popolo

A → PAPA Leone X→ *Bolla exsurge domini*
    → Ultimatum a Lutero, 60 gg
      → Lutero brucia la lettera → scomunicato

B → IMPERO Carlo V→ DIETA di WORMS → aprile 1521 ultimatum
    → EDITTO DI WORMS → Lutero al bando
    → svariate proteste e situazione incontenibile
    → secolarizzazione dei beni della chiesa
    → rivolta dei contadini nel 1525

Vediamo in questo schema molto più semplice, realizzato in 4 minuti circa, la scomposizione della riforma luterana e della reazione della chiesa. I due step sono contraddistinti da due step: la reazione imperiale e quella del Papa.
Se lo schema precedente e quello che vedremo più avanti, sono schemi importanti e significativi per alunni giovani e alle prime esperienze con lo studio, questo, molto più asciutto e concreto, si rivolge a un pubblico più adulto e indaffarato.

Per quanto riguarda il secondo tipo di schema, quello a ragno, ho scelto di rimanere all'interno dello stesso ambito di studio, ovvero la mitologia classica. Una delle materie maggiormente studiate sia nelle scuole medie, ma anche nei primissimi giorni dei licei è il mito. Questo è sicuramente un argomento molto ampio, con tanti rami di pari valore, per questa ragione ho pensato che fosse meglio applicare uno schema radiale o a ragno

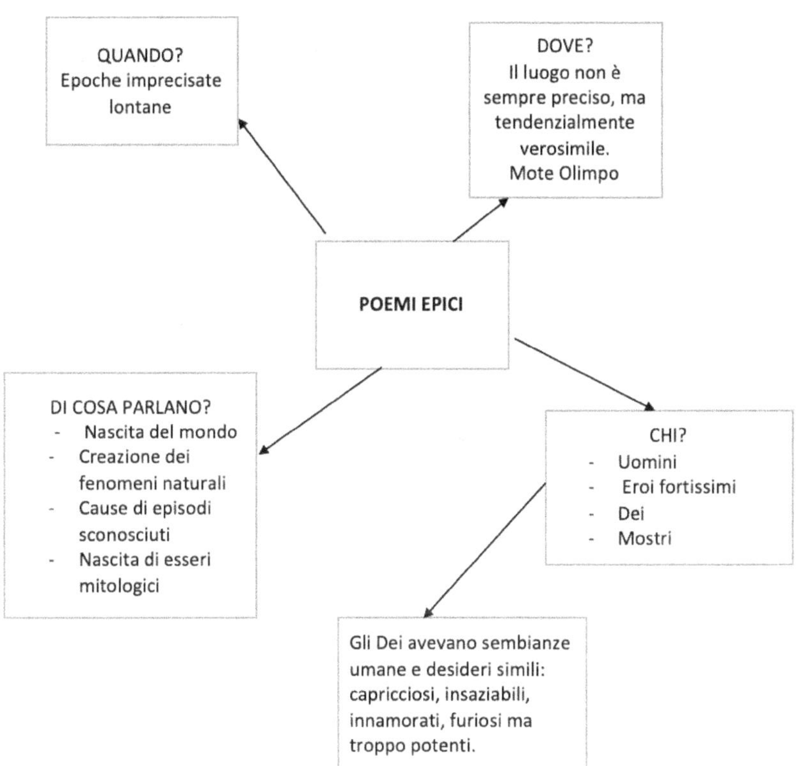

Come possiamo vedere, lo schema è ancora molto minimale. Al centro è posizionato il tema, l'argomento della lezione o del momento di studio e tutto attorno si diradano i sotto argomenti, tutti di importanza equivalente.

Il metodo che ho scelto io è quello delle domande: porre domande direttamente negli appunti o negli schemi è importante per poter andare poi a fare un ripasso consapevole; non è ovviamente obbligatorio scegliere questo metodo. Ancora ribadisco l'importanza di differenziare i caratteri ed eventualmente i colori.

In un solo caso ho voluto aggiungere una doppia ramificazione: parlando dei personaggi del mito, ho trovato importante aggiungere una specificazione circa il carattere degli Dei. Ancora, potremmo fare la stessa cosa per gli eroi epici, i figli delle ninfe o i mostri che riempiono le pagine dei miti più famosi.

Questo genere di mappa è spesso utilizzata anche nei team di lavoro, quando viene richiesto al gruppo di generare idee circa un argomento dato. Similmente viene proposto anche per la stesura di temi scolastici o romanzi: sono perfetti per esporre in modo continuo le proprie idee.

C'è sempre però una domanda che incombe su tutti coloro che devono trovare il proprio metodo di studio: "Quanto mi serve davvero uno schema?"

Lo schema è fondamentale sia per allenare durante la scrittura la memoria, ma anche per poter andare a diminuire fisicamente e visivamente lo spazio e la quantità degli argomenti. Quando si deve preparare una materia per un esame universitario è importante riportare tutto il sapere contenuto in 500 pagine all'interno di pochi fogli di carta, altrimenti ci convinciamo che quel libro è impossibile da studiare. Lo spazio che fisicamente occupano gli schemi è realmente ridotto e soprattutto sono molto più diretti, anche del riassunto.

La realizzazione di uno schema non deve richiedere un tempo eccessivo, perché si tratta di una mera impaginazione e organizzazione di concetti che sono già stati trovati ed evidenziati sul libro.

Se la parte propedeutica è stata fatta bene, allora la schematizzazione avverrà in pochi minuti, con una precisione e una completezza impeccabile.

Lo schema ha lo scopo di rispondere alle domande, le domande del professore durante l'esame o l'interrogazione. Al termine della scrittura di uno schema bisogna pertanto sempre chiedersi: "A quante domande risponde questo schema?"
Il numero deve cercare di essere sempre più alto.

Chiariamo infine una cosa: lo schema non rimpiazza una risposta corretta o completa. Io non posso pensare di prendere uno schema realizzato dal collega che ha preso 30 all'esame convinto che anche io prenderò quel voto. Non può accadere, perché ognuno ha una memoria visiva differente, ognuno associa le informazioni in modo diverso, ognuno utilizza simboli e rappresentazioni differenti o con significati diversi. Inoltre, ricordo sempre che la schematizzazione aiuta moltissimo la memoria: il movimento del muscolo ci aiuta a lavorare di più, soprattutto quando scriviamo lo schema a mano.
Una volta realizzato il nostro schema, unico e su misura per noi, solo noi sapremo estrapolare una risposta ricca e completa, che vada a toccare, partendo dalla prima parola che abbiamo inserito, tutti gli argomenti che abbiamo poi aggiunto durante la cascata di parole. Il cervello automaticamente richiama delle informazioni che abbiamo già studiato, ecco perché non è mai conveniente schematizzare un libro molti mesi prima dell'esame, altrimenti il nostro cervello si sarà dimenticato le ragioni per cui gli argomenti e le parole sono state così scritte o così disposte.

2.6 Il riassunto

Il riassunto è una tecnica ed una pratica molto comune all'interno degli atenei universitari, ma non solo, sono anche spessissimo diffusi tra i lettori: chi non ama particolarmente la lettura, tende spesso a reperirne online o dai colleghi per risparmiare la fatica del leggere. Spesso addirittura si trovano alunni e studenti che cercano e pagano colleghi o siti web per poter avere un riassunto di un manuale. Effettivamente è sicuramente molto più comodo per chiunque avere un testo da 200 pagine compresso in 15 facciate nelle quali si trovano solo le informazioni più importanti ed utili per l'esame.

La tecnica del riassunto viene insegnata a tutti gli studenti sin dalle scuole elementari: viene proposto un testo o un brano antologico e si chiede ai bambini o ai ragazzi che siano di trascriverlo in modo breve e asciutto. Maturando poi l'età scolastica, gli alunni imparano a essere sempre più coerenti con il testo e a ottenere un prodotto realmente essenziale.

Il grandissimo pregio del riassunto è la capacità che da allo scrittore di memorizzare le informazioni proprio durante l'atto di scrittura. Non solo, riesce già ad inserirle all'interno di un discorso composito, strutturato e coeso. Nel riassunto si possono e si devono trovare le risposte alle domande che il docente potrebbe porre, altrimenti si rischia di avere un lavoro fatto per nulla. Il testo ovviamente non può e non deve essere imparato a memoria.

Parlando invece dei difetti, la pecca maggiore del riassunto è che persiste ad essere un testo fitto da dover tutte le volte leggere, pertanto, come per il testo di un manuale, va analizzato, sottolineato e vanno trovate le parole chiave, quindi potrebbe risultare un lavoro inutile per alcuni.

Prima di capre come effettivamente si scrive un riassunto utilizzando alcuni esempi, proviamo a rispondere alla domanda che tutti si stanno ponendo: è meglio studiare con i riassunti o con gli schemi?

Non c'è una risposta fissa o definitiva, perché ognuno ha una mente differente. Per chi ha maggiori difficoltà espositive, è consigliabile studiare con il riassunto, altrimenti non ha un'impostazione discorsiva. Al tempo stesso è un metodo migliore per studiare grandi quantità di libri, testi o argomenti con una forma per l'appunto discorsiva, come può essere per esempio un esame di ambito umanistico.

Non è un buon metodo, quello del riassunto, per la preparazione di un esame di stampo scientifico oppure per apprendere eventi che si susseguono in modo preciso e datato.

Passiamo a questo punto a capire in quale modo si scrive un riassunto.

Prendiamo questo testo estrapolato e riadattato al contesto da un articolo di giornale del 21 aprile 2017.

> Una donna di cinquantotto anni, Giovanna Venturi, si è suicidata nella notte di tre giorni fa utilizzando un'arma da fuoco per protestare contro lo sfratto imminente dalla casa dove abitava dal 1992. Lo sfratto è previsto per il 27 aprile del 2017 e la vittima, secondo le testimonianze dei vicini, non aveva alcun piano di riserva. La signora Giovanna, vedova da tre anni, era una pensionata di Caserta, ha perso la vita con un colpo di pistola dopo una vita da sarta a domicilio. Il suo corpo ferito e inerme è stato trovato poco dopo il rumore nella camera da letto, steso sul tappeto. La suicida, a quanto ha rivelato il comandante dei carabinieri, ha lasciato proprio sul cuscino del letto una triste e dolente lettera, nella quale chiede perdono. La lettera, scritta a mano, era datata marzo, anche se si rileva una aggiunta postuma, che ha fatto pensare ad una premeditazione della morte. I vicini di casa ed i parenti sottolineano che la vittima nell'ultimo periodo non ha mai rivelato alcun segno di difficoltà psicologica o depressione, ricordano invece una donna solare e attiva.

La prima cosa importante da fare è leggere attentamente il testo, quindi andare a sottolineare solo ed esclusivamente le cose più importanti, come abbiamo già detto nei paragrafi precedenti.

A questo punto andiamo a dividere le informazioni sottolineate tra importanti, utili per l'apprendimento e irrilevanti o accessorie.

Informazioni irrilevanti:
1. Aveva cinquantotto anni
2. Abitava nella casa dal 1992
3. Ha lasciato una lettera
4. La morte era premeditata
5. Non aveva mostrato sintomi di depressione

Informazioni rilevanti:

1. Una donna
2. Si è uccisa
3. Con un'arma da fuoco
4. Nella notte di tre giorni fa
5. Per protestare all'imminente sfratto

Prendendo le sole informazioni rilevanti si va a strutturare il riassunto, che deve essere asciutto ma comunque leggibile, coeso e chiaro.
Ovviamente tutti questi passaggi non devono essere sempre fatti. Quello che ho proposto è uno schema di azione utile per coloro che amano studiare su questo supporto, ma temono che i propri lavori non siano ben fatti perché troppo o troppo poco ricchi.

Esiste anche un altro metodo molto utile per andare a scrivere un buon riassunto con la consapevolezza che sia ben chiaro e – seppur essenziale - completo.

Il metodo è quello delle 5 domande:
- Chi
- Dove
- Quando
- Come
- Perché

Proviamo a rispondere alle domande utilizzando sempre il testo precedentemente analizzato:
- Una donna
- A Caserta
- Nella notte di tre giorni fa
- Con un'arma da fuoco
- Per protestare all'imminente sfratto

Andando ad unire le risposte appena date, proviamo a scrivere un brevissimo riassunto, trasformando così un testo di 13 righe in uno di sole 22 parole, nel quale però sono raccolte tutte le informazioni realmente fondamentali.

Una donna residente a Caserta si è suicidata con un'arma da fuoco nella notte di tre giorni fa per protestare all'imminente sfratto.

Questi erano quindi i due metodi più semplici con i quali si è sicuri di andare a scrivere un riassunto ben svolto e del quale fidarsi. Esistono moltissime altre strategie, ma queste due sono quelle che, secondo il mio parere, hanno una struttura e una logica di costituzione di fondo per cui vale la pena provare.

Inizialmente si farà attenzione a quelle che sono le informazioni sottolineate per capire se sono rilevanti o meno, poi però, mediante l'esercizio, si diventerà in grado di andare ad agire e trascrivere senza l'ausilio del ripensamento, sarà qualcosa di completamente automatico e semplicissimo.

La parte conclusiva dello studio è però sempre la ripetizione a voce alta del materiale realizzato. Lo sappiamo tutti, ripetere ad alta voce è noioso e ci fa sentire dei bambini poco capaci, in realtà non è assolutamente vero.
Ripetere con questa modalità ci permette di capire se effettivamente sappiamo ricreare un discorso composito, sensato, completo e logico, pertanto è un passaggio chiave se si vuole ottenere il massimo all'esame.

L'ultima cosa che consiglio sempre di fare le 48 ore prima dell'esame o del momento di rimando dello studio, è prendere l'indice che abbiamo steso e farlo scorrere, così da realizzare se effettivamente conosciamo tutto il contenuto o meno, se di ogni punto saremmo in grado di dire qualcosa.
Nelle ultime 24 ore, salvo momenti di crisi, evitiamo di ripassare troppo, riprendiamo nuovamente l'indice e facciamolo scorrere, ma non pensiamo che in queste ultime ore saremo in grado di aggiungere qualcosa alle nostre conoscenze. Lo stesso discorso vale per le ore appena precedenti l'esame stesso: non ascoltiamo i candidati attorno a noi che ci chiedono se e come abbiamo studiato un argomento, perché sicuramente in quel momento avremo un grande vuoto di memoria; vi assicuro però che, una volta davanti al professore, tutto vi tornerà in mente e sarete perfettamente pronti per a fare un'ottima figura. Non preoccupatevi di chi sottolinea che ha impiegato mesi e mesi per studiare il programma mentre voi avete utilizzato solo 15 giorni, il vostro metodo è giusto per voi e non per gli altri, fidatevi di ciò che avete fatto.

Capitolo 3
LETTURA VELOCE

Se nel secondo capitolo ho voluto prendere in esame step by step tutto il percorso che va dall'apertura del libro sino all'esame, ora invece andiamo a concentrarci su una delle prime attività che ho consigliato di fare: la lettura.

Uno dei problemi principali durante la preparazione di un esame magari molto consistente, è il tempo che si spende nella lettura di tutti i materiali che sono stati inseriti nella bibliografia. Non solo, spesso agli studenti delle scuole di secondo grado (medie e superiori) o agli iscritti alle lauree umanistiche, vengono anche assegnati spessissimo dei romanzi da leggere. Forse gli studenti universitari amano la lettura, ma non tutti gli adolescenti hanno questa passione, ecco che anche per voi c'è una soluzione.

In questo capitolo allora andremo a parlare delle tecniche di lettura, dei metodi per evitare le distrazioni e soprattutto come velocizzarsi senza tralasciare la corretta comprensione del contenuto.

La prima cosa da fare per iniziare a leggere in modo più veloce è creare il contesto e l'ambiente di lettura attraverso tutte quelle strategie che già all'inizio del precedente capitolo ho sottolineato: un ambiente tranquillo e privo di distrazioni, senza tecnologia, una sedia o una seduta comoda, l'acqua vicina e tutto il necessario per la lettura a portata di mano (matite, occhiali, libri ecc.)

Una seconda cosa importante da fare è procurarsi anche delle informazioni sul libro.

A questo punto voglio però fare una distinzione: questo consiglio vale solo per chi sta correndo contro il tempo e non ha un vero interesse nel godersi la trama del libro. Quindi, è bene procurarsi una breve biografia dell'autore, se si tratta di un romanzo, così da capire in quale periodo storico è stato scritto e quali rimandi autobiografici sono presenti: già con queste nozioni di base, il risultato cambierà nettamente.

Altre informazioni da procurarsi sono anche la trama o il riassunto, così da conoscere già gli aspetti fondamentali e leggere attraverso una ricerca dei punti cardine che già abbiamo appreso. Sicuramente il riassunto non basta, perché tralascia tanti dettagli anche stilistici che un docente spesso chiede agli studenti.

Infine, se l'opera appartiene ad eventuali correnti storico-letterarie, cerchiamo qualche breve indicazione generale. Appuntiamo sempre tutto su foglietti da inserire nel libro stesso.

A questo punto, cominciamo a leggere.

La prima cosa che bisogna sapere quando si vogliono apprendere le tecniche di lettura veloce è la capacità muscolare dell'occhio: anche l'occhio è mosso da piccolissimi muscoli che possono essere giustamente allenati. Nel nostro caso dobbiamo allenare il muscolo oculare ad un movimento sempre più veloce.

La seconda cosa che bisogna conoscere è il campo visivo. Il campo visivo non è altro che la porzione di spazio che l'occhio- stando fermo- riesce a cogliere e a percepire. In poche parole, se teniamo ferma la testa, noi non vediamo solo un tunnel davanti a noi, come quando guardiamo in un cannocchiale, abbiamo invece una vista che spazia anche nell'area laterale. Durante la lettura, essendo un momento di focalizzazione oculare, noi siamo in grado di vedere circa nei 3 cm verso destra e 3 cm verso sinistra. Con tanto allenamento però possiamo allargare il nostro campo visivo fino a 6 cm per lato.

Un allenamento per il campo visivo è quello del rombo: lo strumento di lavoro è costituito da uno stencil a forma di rombo realizzato al centro di un foglio e poi poggiato sulla pagina. L'esercizio consiste nel cercare di leggere le parole che stanno al centro della forma geometrica.

Attenzione, questo non serve durante la lettura veloce, è un esercizio di allenamento propedeutico.

Perché dobbiamo aumentare il nostro campo visivo?

Perché durante la lettura veloce in realtà il nostro scopo non è quello di leggere attentamente ogni singola parola, bensì essere in grado di cogliere con un colpo d'occhio una porzione di testo e capire direttamente se questo è importante o no, proprio come farebbe una macchina fotografica con un grandangolo molto ampio.

L'occhio deve imparare a fare una scrematura delle pagine, pertanto il consiglio è quello di leggere prima di tutto la copertina e l'indice del libro, così da capire sin da subito il contenuto dello stesso. Gli esperti inoltre sostengono che l'80% del contenuto che il libro vuole portare al lettore, è riassunto in realtà nel 20% delle pagine dello stesso, per questo è importante allenarsi al fine di capire cosa davvero vale la pena leggere.

In questo il tempo di lettura ci aiuta: un consiglio è quello di dedicare circa 30 secondi per pagina per cogliere i termini importanti e le frasi in cui sono inseriti e poi leggere solo queste ultime. In questo modo andremo a leggere una pagina grande in circa 1 minuto.

Vi faccio un esempio molto semplice: quando leggiamo un romanzo di qualunque genere, troviamo spesso delle lunghe o brevi parti descrittive. Bene, una volta lette le prime righe di quella descrizione, abbiamo colto in modo generale le fattezze del personaggio o dell'ambiente, non è necessario – se il tempo stringe - che noi andiamo a leggere tutto.

Il nostro occhio, se ben allenato, sarà in grado di cogliere subito che quella parte non serve e ci fa saltare direttamente a quella fondamentale.

Un altro esercizio molto utile per poter velocizzare la propria lettura è l'utilizzo di una penna, una matita o del proprio dito con funzione di puntatore. Quando abbiamo imparato nei primi anni di scuola a leggere, la maestra ci chiedeva di tenere il segno con il dito, così da non perdere le parole e tenere l'occhio ben fisso al testo.

Ora che però siamo dei lettori esperti, non ci serve più che il dito segua la lettura, ciò che ci serve è una spinta verso una lettura più accurata e veloce. Il dito o la punta della penna adesso devono sempre stare un paio di parole più avanti rispetto alla nostra lettura, così l'occhio cercherà di tenere il passo. Un consiglio importantissimo per i primi esperimenti di lettura è quello di non accelerare troppo con il puntatore, altrimenti si rischia solo di fare confusione o di ottenere una lettura priva di contenuto. Cominciamo spingendo il puntatore avanti di una parola, proseguiamo con due e poi aggiungiamone piano piano una alla volta solo quando veramente saremo in grado di seguire il ritmo con accuratezza e comprensione.

Per allenarci possiamo utilizzare anche delle applicazioni. Esistono infatti tante app o programmi gratuiti nei quali si può incollare il testo che si desidera leggere e il tempo nel quale lo si vuole portare a termine. Il programma andrà a far scorrere il testo in modo meccanico e continuo alla velocità impostata, esattamente come avviene al karaoke.

Altri piccoli consigli per velocizzare la lettura riguardano invece il movimento della bocca. La primissima cosa da fare quando si vuole leggere più velocemente è tralasciare la voce: leggere a voce alta non ci permette di dare fluidità alla lettura, perché siamo tendenzialmente più attenti a non fare errori o anche a dare intonazione a ciò che leggiamo. Sicuramente però una lettura a voce alta ci permette di ricordare maggiormente i concetti, proprio perché nello stesso momento li stiamo sia leggendo che ascoltando. Il mio consiglio è quindi – durante una sessione di studio - di rileggere a voce alta solo le parti evidenziate o quelle che ci appaiono poco chiare, così da comprenderne il significato al meglio.

Inoltre, se entrassimo in una libreria o biblioteca e guardassimo le persone leggere, ci accorgeremmo che in tanti muovono le labbra, esattamente come se stessero leggendo a voce alta. Ecco, questa è un'abitudine che non ci porta a velocizzarci, anzi, abbiamo pressoché lo stesso ritmo di una lettura a voce alta. Per andare a eliminare questo atteggiamento del tutto involontario, dobbiamo cercare di leggere piccole porzioni di testo del cui contenuto non abbiamo interesse, e fare solo attenzione alla nostra bocca. Ponendo l'attenzione sui nostri movimenti, non capiremo sicuramente nulla di ciò che stiamo leggendo, quindi è sconsigliatissimo fare questo esercizio mentre si analizza qualcosa di importante o utile per lo studio.

Anche quando leggiamo nella mente siamo però soliti creare una sorta di voce interna, ma anch'essa simula una lettura esterna. Per arrivare a velocizzare la lettura dobbiamo allenarci a eliminarla quando non ci serve. Per farlo bisogna mantenere la focalizzazione sulla parola e sul libro e non sulla voce guida che abbiamo in mente.

Anche la lettura sottovoce non aiuta, perché risulta identica a quella a voce alta, con la differenza del solo volume abbassato.

L'ultimo consiglio che voglio darvi per aiutarvi a leggere più velocemente, è il classico e intramontabile timer: uno strumento che in tantissimi utilizzano durante le attività impegnative come lo studio o il lavoro. Sconsiglio sempre di partire con tempi di attività lunghissimi e di riposo brevissimi, altrimenti la nostra mente non sarà mai in grado di reggere tanto. Partiamo con sessioni da 25 minuti di lavoro e 5 di pausa, poi, dopo due ore di lavoro o studio, facciamo una pausa più lunga, da 15 minuti o poco più. Dopo queste prime due ore, vi accorgerete che avrete letto molto più del solito e ricorderete quasi perfettamente ciò che avete appena appreso. Anche per la gestione del tempo si possono usare i timer digitali, quelli da cucina o le app per telefono o tablet.

Anche durante la lettura in molti utilizzano la musica. Non tutti i generi musicali sono però adatti, come già consigliato nel capitolo 2 è sempre meglio scegliere qualcosa di strumentale o della musica bianca. Non serve comprare strumenti all'avanguardia, perché esistono playlist gratuite online.

In conclusione, la lettura è una parte fondamentale della preparazione di un esame, perché è il principio di ciò che dovremo conoscere. Non possiamo certamente spendere tutto il tempo su una lettura attenta e misurata, è per questo che le tecniche di velocizzazione sono utilissime. Anche per la lettura dei romanzi, articoli, saggi o testi di divulgazione è un ottimo metodo, ma da amante della lettura io consiglio sempre di godersi i romanzi in modo del tutto diverso, dedicando magari sempre una mezz'ora di tempo al giorno. Questo consiglio non serve solo agli studenti liceali e non, ma anche a tutti gli adulti. Leggere ogni giorno per un lasso di tempo fisso non solo vi permetterà di ampliare le vostre conoscenze lessicali o cognitive, ma inevitabilmente vi porterà a essere più consapevoli della lettura, ad ampliare il campo visivo e a velocizzarvi.

Capitolo 4
MAPPE MENTALI

Continuiamo approfondendo quelli che sono gli step presentati nel secondo capitolo. Abbiamo approcciato alla lettura con un metodo differente e ne abbiamo tratti tutti gli aspetti fondamentali. In questo quarto capitolo andremo quindi a prendere in esame le mappe mentali. Per poterle comprendere al meglio andremo a paragonarle alle classiche mappe concettuali che si insegnano nelle scuole dell'obbligo. Apriamo il capitolo prendendo in analisi il concetto stesso di mappa mentale, per poi capire capiremo quali e quante ne esistono e infine andremo a vedere in che modo si possono produrre.

La mappa mentale è una rappresentazione grafica di un concetto del tutto immateriale e astratto, con lo scopo di generare un pensiero che va a stimolare sia la memoria che l'apprendimento. Le mappe allora servono proprio per poter apprendere in modo fisso e sicuro un concetto andandolo a rappresentare in modo chiaro su un foglio di carte.

Questo strumento è stato studiato a lungo da diversi studiosi quali lo psicologo inglese Tony Buzan. Lo studioso, sul termine degli anni '70, cominciò a elaborare la tecnica, poiché si sentiva frustrato dopo tanti anni di studio persona che lo rendevano poco soddisfatto dei propri risultati. Lo psicologo venne illuminato dagli studi di Leonardo, poiché si chiese quale fosse la radice del suo profondo sapere, a seguito di questa domanda giunse a formalizzare le note mappe mentali. Studiando proprio Leonardo e le sue scoperte circa la mente e la fisionomia umana, scoprì che l'associazione migliore per l'apprendimento è data dalla creatività e dall'immagine personalizzata. L'elemento da cui nacque quindi la mappa fu proprio uno stile gerarchico dell'apprendimento: nel suo sistema ogni elemento, argomento o concetto è collegato a quello precedente attraverso una struttura ad albero radiale. A seguito di tale scoperta, si accorse di come il colore e le immagini sono strumenti evocativi importanti e capaci di stimolare la creatività e la capacità di memorizzazione.

Ciò che rende la mappa mentale uno strumento di apprendimento a lungo termine, è la rappresentazione reale con immagini e disegni evocativi, in quanto questi ultimi hanno lo scopo di semplificare le situazioni complesse, non perché le si voglia rendere semplici, bensì per scioglierle come una matassa e studiare ogni pezzettino in modo più chiaro.

Il nome dello strumento, mappa mentale, ci dovrebbe rimandare ad un concetto etereo, un elemento realizzato a mente e quindi non presente nella realtà, esattamente come il calcolo mentale, quindi non scritto. In questo caso il nome ci vuole invece dire che la mappa è fatta in funzione della mente, con lo scopo di risvegliare in essa i collegamenti ed è estremamente reale.

Le mappe mentali, poiché personali, sono sempre diverse tra di loro, ma hanno alcuni elementi in comune e fissi.
La prima cosa da ricordare è la semplicità: una mappa mentale non può avere troppe ramificazioni per essere definita chiara e quindi funzionale.

Ogni mappa nasce dal centro della pagina con una parola che funge da titolo per lo schema mentale. Da essa si diramano i primi rami centrali sui quali sono scritte delle parole chiave e al termine riportano il tema specifico o la caratteristica che vogliamo approfondire. Poi questi si possono a loro volta diramare fino a produrre un massimo di tre diramazioni.

I primi rami che vanno a staccarsi dalla parola - titolo assumono un colore differente, così da portare con sé concetti diversi.

Facciamo un esempio con un'ipotetica mappa mentale relativa Napoleone Bonaparte.

Al centro avremo sicuramente il nome del noto imperatore e conquistatore. Da esso partiranno rami diversi tra cui: la biografia, il successo militare, le sconfitte militari, il consenso pubblico etc.

Ognuno di questi rami raccoglie in sé una fetta della storia di Napoleone e deve assumere un colore diverso, così il mio cervello ricorderà – per esempio – che il verde è associato alla vita, il rosso alle sconfitte e il giallo alle vittorie.

Ognuno fa delle associazioni cromatiche differenti, attenzione.

Il numero di diramazioni non deve mai superare il terzo livello per evitare che si crei una complessità tale che va a minare lo scopo stesso per cui la mappa è stata realizzata.

Ovviamente i dettagli da studiare sono sempre tantissimi all'interno di un esame universitario e il nostro scopo non è quello di raggiungere la sufficienza, ma di dare il massimo di noi. Le ramificazioni possono essere sviluppate con dei sottoschemi. Al centro di questi ultimi troveremo allora l'ultima parola con cui si era chiuso il ramo del terzo livello e avremo così la possibilità di irradiarlo ancora e ancora.

Anche i rami sono molto utili, non solo per connettere informazioni, ma perché possono essere essi stessi contenitori di parole chiave o domande guida, utilissime per il ripasso e l'accompagnamento del discorso. Le parole possono essere aiutate da immagini o disegni accattivanti o da domande guida.

Le diramazioni, anche se appartenenti a rami differenti, possono avere dei punti di contatto tra loro, nessuno ci vieta di collegarli con delle frecce di colori o stili differenti. Facciamo un esempio: se parlando della vita di un autore ci troviamo a dover citare un fatto importante che l'ha portato alla stesura di un romanzo, colleghiamo questo concetto alla sezione componimenti della mappa.

Un'ultima particolarità della mappa menale è lo stile: solitamente le mappe concettuali sono realizzate con uno schema logico molto chiaro, meccanico e rigoroso, fatto quasi con il righello. Questo strumento invece presenta rami ricurvi, forme dolci e arrotondate, colori a contrasto, fantasia ed elementi che possono sembrare quasi assurdi in uno schema magari di fisica nucleare.

Un'altra grande differenza che si riscontra tra una mappa mentale e una mappa concettuale è la creatività nella scelta delle immagini. Spesso una mappa concettuale è utile per più utenti, può essere fornita da un docente senza generare alcuna difficoltà nei propri studenti. Lo stesso discorso non può essere fatto con quella mentale, in quanto è strettamente legata alla mente e alla fantasia dell'autore. A un occhio estero può apparire un semplice disegno astratto con delle parole inserite in modo casuale, per l'autore invece è una mappa che lo porta verso l'apprendimento saldo del concetto.

Perché è funzionale la mappa mentale?

La mappa, come abbiamo già detto nel capitolo 2, deve essere un contenitore di risposte a domande che un professore potrebbe porre al candidato. Bene, nel momento in cui il professore andrà a porre una domanda, ciò che avverrà nella nostra mente sarà un processo velocissimo e automatico: come in una ricerca per immagini, apparirà subito la mappa che ci riporta al concetto. La domanda potrebbe essere anche estremamente dettagliata, non è questo il problema, perché apparirà su uno dei rami dell'albero.

4.1 Come scrivere una mappa mentale

Ora che abbiamo capito cosa sono, a cosa servono e per quale ragione è una buona pratica per tutti gli studenti apprendere anche questa tecnica di studio, passiamo a capire effettivamente quali sono gli step e i consigli per apprendere la metodologia e iniziare a stendere in modo sempre più convincente queste mappe mentali.

Partiamo dal medium. Si pensa sempre che il movimento della mano durante la scrittura agevoli l'apprendimento. Sicuramente questo non è un falso mito, ma non è detto che la videoscrittura sia del tutto una perdita di tempo. Siamo in un periodo storico nel quale il computer e i tablet sono delle appendici del nostro corpo, quindi non è tanto assurdo pensare che esistono persone che prediligono una realizzazione multimediale delle mappe.
Inoltre, ad oggi esistono infinite tipologie di tablet o tavolette grafiche che permettono di disegnare in digitale provando una sensazione molto simile alla pressione sulla carta, con la differenza che si ottiene una raccolta di scritti, mappe e creazioni infinita, ordinata e semplice da trasportare e rintracciare.

4.1.1 Mappe mentali a mano

Cominciamo dal metodo più classico e semplice: le mappe stese a mano.

Anche se esistono ormai software capaci di creare tantissimi materiali differenti e perfetti, in moltissimi amano la scrittura a mano e la spontaneità che essa raccoglie in sé. Prima però chiariamo una cosa: per scrivere una buona mappa non è necessario essere degli artisti o dei pittori, non serve saper disegnare. Ciò che conta davvero è invece seguire una struttura ben precisa che non ci faccia perdere tempo in fase di ripasso.

Per questa ragione vi voglio dare alcuni spunti da seguire soprattutto durante la realizzazione delle prime mappe, poi diventerà del tutto spontaneo e naturale.

Per prima cosa andiamo a procurarci un foglio e orientiamolo in orizzontale. Al centro andiamo a scrivere il titolo della mappa con un senso logico, quindi scegliamo un colore coerente e magari iscriviamolo all'interno di un'immagine evocativa. Se stiamo studiando geografia e in particolare l'India, proviamo a disegnare in modo stilizzato la cartina rimpicciolita e usiamo il colore verde sui lati e il giallo nel cuore, così da andare sin da subito a richiamare i colori della carta fisica e la loro approssimativa disposizione. Quando dobbiamo invece studiare qualcosa di più astratto come una sensazione o un'emozione, dovremo ricercare la prima immagine che essa ci richiama alla mente e disegnarla velocemente attorno al titolo.

A questo punto cerchiamo di fare almeno sei associazioni di idee relative al tema centrale chiedendoci molto semplicemente cosa ci viene in mente quando pensiamo all'argomento e andiamo a disporle in un elenco a punti o in una lista. Solo al termine di questa operazione andiamo a tracciare i collegamenti e i rami verso l'esterno del foglio. Usiamo colori diversi associati in modo coerente, uno per ogni idea. Le prime linee che si diramano dal testo devono essere spesse, perché andranno ad assottigliarsi a mano a mano che si dirameranno in livelli più piccoli.

Su ogni ramo andiamo ad apporre una parola chiave che può riassumere il concetto che ci è venuto in mente o una domanda guida.

Ognuno di questi rami può avere anche delle biforcazioni che rappresentano i sottorami o livelli inferiori. Il numero dipende dalle idee che ci vengono in mente, ma facciamo attenzione a non superare i tre livelli, a meno che non sia necessario, diversamente prendiamo un nuovo foglio. Nel foglio nuovo ripartiamo dall'ultima parola scritta e sarà questa ad assumere il ruolo di titolo della nuova mappa.

Al termine della rappresentazione della mappa, andiamo ad aggiungere vicino alle parole chiave dei disegni, delle immagini, ma anche degli stickers, dei timbri o tutto ciò che artisticamente e visivamente ci può aiutare a raggiungere lo scopo della conoscenza. Le immagini non solo devono richiamare le idee, ma anche le connessioni e le emozioni, al fine di rafforzare la comprensione e la memoria.

4.1.2 Mappe mentali digitali

Come ho già detto all'inizio del paragrafo 4.1, esistono tantissimi dispositivi digitali che ci permettono sia di rappresentare manualmente la nostra mappa mentale, ma anche moltissimi programmi online gratuiti, applicazioni o software gratis.

Il primissimo software creato fu realizzato proprio dallo psicologo Tony Buzan e prese il nome di *iMindMap*. Il programma consente di disegnare a mano libera, modificare, aggiungere, cancellare, rielaborare ma anche condividere infinite mappe mentali.

Sicuramente la condivisione delle mappe è un passaggio fondamentale: attraverso il nostro lavoro possiamo aiutare un collega, possiamo stimolare un amico ad apprendere la metodologia. Realizzando le mappe a mano su carta, non saremmo in grado di trasferirle in modo nitido e veloce. Con l'uso dei software è invece possibile realizzare la mappa mentale e poi esportarla in moltissimi formati modificabili e non.

Un secondo vantaggio del lavoro digitale riguarda la modifica pulita e rapida: mentre sulla pagina cartacea si rischia, per via dell'uso dei colori, di non riuscire a cancellare i rami, finendo così per avere una mappa sporca o confusa o ancora poco conforme con le proprie associazioni, con i software invece sarà possibile spostarli trascinandoli molto semplicemente ed ottenere uno schema pulito, requisito importantissimo per un apprendimento sicuro. Sicuramene il software ci aiuta nel risparmio di tempo. Attraverso i programmi digitali, soprattutto all'inizio dello studio della metodologia, stenderemo delle mappe molto più velocemente senza dover sempre ricominciare da capo.

Chiaramente all'inizio sarà difficile ricordare i comandi e usare al meglio le potenzialità dei programmi di disegno digitale, ma la nostra mente è ormai abituatissima ai sistemi tecnologici, inoltre si trovano online tantissimi tutorial che ci permetteranno di diventare degli alunni modello in men che non si dica. Gli step da seguire anche in questo caso sono gli stessi che abbiamo visto nel paragrafo 4.1.1, al termine però dobbiamo solo salvare ed eventualmente esportare o stampare la nostra creazione.

In conclusione, studiare una mappa mentale è facilissimo, perché è in realtà frutto di associazioni mentali, ovvero quindi di conoscenze che sono già state per la maggior parte memorizzate, bisogna solo ripetere a voce alta i concetti, così da trasformare delle immagini in un discorso ben articolato.

Capitolo 5
TECNICHE DI STUDIO

Dopo aver approfondito i precedenti step, ovvero la lettura, la schematizzazione o la stesura del riassunto (spiegato al paragrafo 2.5) il contenuto ritenuto più importante dei testi, a questo punto non ci resta che studiarlo. Sicuramente aver fatto i passaggi precedenti in modo preciso, attento e corretto sarà di grandissimo stimolo per la memoria, le mappe faranno da ponte tra l'apprendimento e la conoscenza, ma a questo punto non ci resta che consolidare per dare il massimo.

Vediamo allora come prima cosa in questo capitolo cos'è la memoria e procediamo conoscendo ed eventualmente sfatando il mito della più nota metodologia, ovvero la ripetizione orale e a voce alta. In seguito, andremo a studiare come allenare la memoria attraverso quattro tecniche utili per imparare e memorizzare velocemente. Non ci occuperemo in questo momento della memoria precisa di testi, parole o cifre, bensì dell'apprendimento stabile, utile per lo studio di tante pagine, per studenti universitari, liceali o scolastici.

5.1 La memoria

È importante conoscere ciò che vogliamo allenare o incrementare, quindi vediamo subito cos'è la memoria. La memoria è custodita all'interno della mente, ovvero quella grande sezione del cervello di cui si ha consapevole coscienza. La memoria ha una funzione di assimilazione, infatti colpita dal mondo esterno attraverso gli organi di senso, elabora i dati e li assimila sotto forma di esperienze, ricordi e apprendimenti.

Prima di addentrarci nei quattro metodi di memorizzazione concettuale, voglio soffermarmi per un momento sul grande metodo di memorizzazione: la ripetizione. Da sempre, sin dai primi anni della scuola primaria o elementare, le maestre ci hanno costantemente detto di ripetere a voce alta, ma questa pratica appare a tutti gli studenti del mondo come noiosa, infantile, lunga e inutile.

Bene, voglio dedicare un momento per capire dove sorge questo mito e se deve diventare leggenda o legge scritta.

Nel 2017 apparve sulla rivista Memory uno studio realizzato dall'università di Waterloo in Canada sulla lettura e riproduzione a voce alta. Gli studiosi hanno scoperto che durante la lettura e la ripetizione in tale maniera si attiva l'effetto di produzione, importantissimo per la memoria a lungo termine.

Chiariamo alcuni concetti: l'effetto di produzione è la capacità della mente di produrre delle informazioni e di ricordarle cristallizzando le parole nella testa. La memoria a lungo termine (MLT) è invece la capacità del cervello di immagazzinare informazioni per un periodo di tempo che può variare dal secondo all'indefinito. È proprio questa la memoria che andiamo a cercare durante lo studio o la preparazione di un esame.

L'esperimento era stato fatto su 95 candidati divisi in quattro categorie: un gruppo avrebbe letto nella mente, un secondo avrebbe invece ascoltato la lettura svolta da qualcun altro, il terzo avrebbe ascoltato la propria registrazione della lettura e l'ultimo avrebbe letto a voce alta seduto in un ambiente tranquillo.

A seguito della lettura o dell'ascolto del brano, sono state svolte delle prove e dei quiz per verificare chi aveva meglio interiorizzato le informazioni ed è stato evidente che l'apprendimento migliore dei concetti era stato ottenuto dai componenti del quarto gruppo, ovvero da coloro che avevano letto il brano a voce alta.

Il dottor Colin M. MacLeod, presidente del dipartimento di psicologia dell'università, affermò pertanto che lo studio confermava che l'apprendimento e la memoria traggono un grande beneficio dal coinvolgimento attivo nell'atto della lettura e dello studio.

Quando si legge a bassa voce, si ripete nella mente o si ascolta qualcuno che espone le informazioni, abbiamo un coinvolgimento passivo o semi – attivo, che non da quindi gli stessi benefici della lettura personale a voce alta.

Al contrario ci sono anche tanti studiosi che hanno affermato che ripetere a voce alta può interferire con la memoria. Si tratta di Henry Roediger e Marl McDaniel, due psicologi che hanno spiegato che quando si ripete in tal modo si prova la sensazione di conoscere sempre tutto, mentre poi nella realtà non è così.

Esistono quindi differenti correnti di pensiero, sicuramente ognuno deve trovare la prioria strada e testare la propria mente con degli esperimenti, al fine di capire quale metodo funziona effettivamente per sé.

In ultimo prendiamo in considerazione tutti coloro che amano il movimento durante lo studio, la lettura o l'esposizione orale. Quanti presentatori televisivi passeggiano per lo studio mentre raccontano un episodio o introducono un ospite con lo scopo di concentrarsi? Tantissimi. Questo avviene perché la camminata fa parte dei movimenti che rendono la vita qualitativamente migliore e sana e sono proprio le sane abitudini che vanno a incrementare le nostre capacità mentali e mnemoniche, per questo il movimento spesso aiuta nella concentrazione.

Parlando del movimento, voglio aggiungere una piccola postilla relativa l'allenamento e il mantenimento della memoria. La vita sana, lo sport e l'attività fisica aiutano moltissimo la memoria in quanto l'aumento della frequenza cardiaca e quindi la diminuzione delle calorie assimilate va ad aumentare l'ippocampo, ovvero la parte del cervello che controlla la memoria.

Un altro consiglio che viene spesso fornito dagli psicologi, soprattutto al pubblico adulto che vuole mantenere una buona memoria a lungo e breve termine, è quello di realizzare puzzle, parole incrociate, cruciverba ed esercizi di logica che vanno a mettere in moto sia la creatività – durante la ricerca dei pezzetti di puzzle- ma anche la memoria, le conoscenze pregresse e la fantasia. Per un pubblico più giovane è invece consigliabile fare dei piccoli esercizi di memoria quotidiana, piccole azioni che sembrano inefficaci, ma che vanno invece a creare una routine mentale incredibile. Una delle cose più importanti è mantenere un ordine nell'uso degli oggetti in una stanza: mantenere sempre un posto per ogni cosa è fondamentale per aumentare la propria memoria.

Ancora, utilizzare degli appunti è importantissimo per tutte le ragioni che abbiamo già esposto nei capitoli precedenti, quindi possiamo usare un taccuino ma anche un'agenda o le note dello smartphone.

L'ultima azione che voglio consigliare sarà utilissima anche nella vita quotidiana, non solo nello studio, ovvero l'abitudine ad associare a un volto un nome. Quante volte capita che una persona si presenta e subito dopo non ricordiamo il nome? Bene, semplicemente concentriamoci ad ascoltare il nome osservando un tratto particolare del viso o del corpo, in questo modo lo impareremo subito e alleneremo il nostro cervello a ricordare.

5.2 Tecniche per la memorizzazione

Vediamo ora quattro tecniche meno note rispetto alla precedente per sviluppare una memoria a lungo termine. Sono tutte valide, esattamente come la ripetizione a voce alta, tutte però richiedono di attuare delle strategie soggettive, quindi sta a ciascuno di noi capire quale sia la migliore o la più funzionale a seconda della materia o dell'obiettivo che dobbiamo raggiungere.

5.2.1 I tag mentali

La prima tecnica che andiamo a prendere in esame si chiama tecnica dei tag mentali.
Per poter spiegare al meglio il metodo, possiamo anche chiamarla tecnica dell'hashtag, ad oggi un termine decisamente comune. L'hashtag non è altro che un simbolo utilizzato sui siti web o sui social network come aggregatore telematico di persone. Molto semplicemente, se sotto a una foto rappresentate un piatto di pasta si aggiunge l'hashtag "pasta", si rimanda il pubblico a tutte le foto rappresentati il dato concetto. Lo scopo, quindi, è quello di collegare a una parola una serie di immagini.

Esattamente come siamo soliti fare con i social network dobbiamo agire con la nostra memoria: dobbiamo creare delle parole chiave da associare ad un viso, a un video, a un'informazione, a un'immagine o a un articolo.

Per meglio capire come svolgere questa attività mnemonica facciamo un esempio:
immaginiamo di dover ricordare una lezione di diritto del professor Verdi riguardante gli articoli della costituzione italiana sul diritto allo studio.
Il primo tag che dobbiamo creare mantiene il nome del professore e già solo questo ci rimanda all'argomento che dobbiamo studiare. A questo punto aggiungiamo un'etichetta per ricordare anche l'argomento: "Diritto allo studio". Per associare al meglio i primi due tag bisogna creare un'immagine o un film mentale memorabili. Pensiamo al nostro professore che si incatena all'albero della nostra scuola per protestare contro quei ragazzi che non possono andare a scuola in paesi in difficoltà economica. Tramite questa immagine che può rappresentare rabbia o tristezza, a seconda dello stato d'animo della lezione tenuta dall'insegnante, attiviamo la nostra memoria emotiva.
L'ultima azione che dobbiamo fare è creare un'immagine utile per ricordare i concetti chiave della lezione che dobbiamo ricordare. Inventiamo una canzone contenente i numeri degli articoli, uniamoli a costruire una data che rimanda a una ricorrenza e cerchiamo di legare a essa il concetto che l'articolo rappresenta.

Creato questo piccolo filmato con immagini, sarà impossibile dimenticare gli articoli della costituzione.

5.2.2 Memoria zero time

Quando comincia la sessione universitaria degli esami, ogni studente inizia la sua corsa contro il tempo per preparare tutti gli esami che si era prefissato, quindi capita a volte di arrivare a doverne preparare uno in pochissimi giorni. Quanti studenti lavoratori si ritrovano spesso a dover studiare proprio in quei giorni in cui il lavoro sembrava infinito e alla fine della giornata non resta più tempo? Sembra impossibile poter dare un esame importante in poco tempo, ma esistono metodi che ci possono aiutare per sconfiggere la sessione e superare una prova in più. Sicuramente il consiglio principale è quello di seguire le lezioni con attenzione e rileggere con costanza gli appunti, oppure cominciare a leggere i libri consigliati in bibliografia durante le sessioni di spiegazione, così da avere già un substrato di informazioni nella nostra mente. A questo punto non preoccupatevi, entra in gioco il metodo *zero time*!

Per essere sicuro di ricordare qualcosa in modo veloce, il primo ingrediente che serve è la sicurezza. Non possiamo pretendere di imparare qualcosa se non crediamo di poterlo fare, altrimenti passeremo tutto il nostro tempo pensando al fallimento, distraendo così il nostro cervello dal vero focus.

A questo punto il materiale deve essere letto solo e soltanto una volta, ma questa lettura deve essere seguita da una rielaborazione e ripetizione del testo, fatta a voce alta e con tanta attenzione.

Al termine di ogni giornata di studio è importante prendersi un momento e riepilogare tutti gli argomenti che sono stati svolti, in questo modo il nostro cervello rivedrà gli argomenti già tre volte in una giornata.

In ultimo, il giorno prima dell'esame, è importante ricordare il tutto al nostro cervello, ricordargli che le cose sono state apprese attraverso un ultimissimo riepilogo.

5.2.3 *Memoria a lungo termine*

Ad oggi abbiamo infiniti dispositivi che ci possono aiutare a ricordare le cose, pertanto non ci sembra più importante sapere a memoria date, numeri di telefono o codici, perché tanto troviamo tutto sul nostro smartphone, sui social o negli appunti digitali. Diversamente, le persone più anziane della società, poco avvezze all'uso della tecnologia, ricordano tutti i numeri di telefono e tutti i compleanni e anniversari delle persone che conoscono. Come possiamo quindi recuperare questa memoria a lunghissimo termine?

Il metodo è molto semplice e consiste nel ripasso mentale: impostiamo un timer di studio che può variare dai 20 ai 30 minuti. Al termine di questa sessione di studio facciamo una pausa di 5 minuti nei quali ci segniamo sotto forma di indice o elenco tutto ciò che vogliamo ricordare degli argomenti svolti durante i 20 minuti di lavoro e ripassiamoli.

Il metodo ha una duplice valenza: permette di compiere delle piccole sessioni di studio davvero concentrate, perché siamo consapevoli che al termine avremo un piccolo test in autovalutazione, inoltre in soli 25 minuti riusciremo a studiare lo stesso argomento per due volte.

Ancora, al termine della giornata, riprendiamo tutti gli elenchi fatti durante le sessioni da 20 minuti e rivediamo il tutto. Ecco che al termine della sessione avremo rivisto i materiali per ben tre volte.

Rifacciamo la stessa azione dopo tre giorni di studio: riprendiamo tutti gli elenchi e ripassiamo attraverso i punti chiave tutti gli argomenti che abbiamo affrontato in tre giorni di lavoro. Con questo test riusciremo a capire se le cose apprese tre giorni prima sono ancora vive nella nostra mente e andremo a consolidarle e a rinfrescarle per ricordarle al meglio. Ancora, il metodo ci permette di capire se per caso negli elenchi abbiamo aggiunto qualcosa che abbiamo poi ritrovato in altri materiali, argomenti inutili o se abbiamo fatto delle dimenticanze. Ecco che dopo tre giorni avremo studiato lo stesso materiale per circa quattro volte, un numero molto alto. Il metodo, in poche parole, richiama molto il metodo che spesso si utilizza per studiare una poesia: studiare e poi tornare indietro e ripetere tutto insieme.

5.2.4 Brainstorming

Un metodo che per molti funziona ma per tanti è invece un grande impedimento è lo studio di gruppo.
Il gruppo è un grandissimo strumento di lavoro quando realmente i membri dello stesso hanno un obiettivo in comune e condividono lo stile di apprendimento, diversamente si rischia solo di perdere tempo e farlo perdere anche agli altri.

Quando si desidera studiare in gruppo, è consigliabile che ognuno faccia un pre-studio autonomo nel quale prende visione del materiale in linea del tutto generale, poi, con gli altri colleghi di studio andrà a revisionare gli apprendimenti.
Lo studio collettivo è importante perché permette all'utente di consolidare le conoscenze attraverso la discussione e la ripetizione a voce alta, inoltre consente anche di ricevere chiarimenti, ascoltare l'esposizione di un altro utente, conoscere altri dettagli e soprattutto scoprire se le proprie scelte di importanza sono realmente tali o sono invece inutili.
Io sconsiglio sempre di evitare monologhi e spiegazioni svolte da un singolo componente, ma creare dei momenti di discussione durante i quali tutti possono aggiungere informazioni e integrare il discorso, così da prendere parte realmente allo studio e lavorare in

modo attivo, esattamente come gli psicologi canadesi- di cui abbiamo parlato nel capitolo 5.1 - dicevano.

81

Capitolo 6
APPRENDIMENTO RAPIDO

In questo capitolo, dopo una breve introduzione teorica, andremo a prendere in considerazione l'apprendimento, che inizialmente potrà apparire noiosa e forviante, ma è invece importante capire bene cos'è il concetto che si vuole andare a incrementare o migliorare per poterlo fare. Esattamente come per la cucina, se uno chef vuole migliorare la sua tecnica nella preparazione delle patate ma non conosce il tubero, sarà impossibile per lui vedere dei risultati tangibili, percepirà invece degli sporadici miglioramenti che sono però da attribuire più alla fortuna che alle capacità.

Solo in seguito andremo a capire come incrementarlo, come velocizzarlo e come allenarlo per raggiungere i propri obiettivi in modo superlativo e concreto.

6.1 Teoria dell'apprendimento e modificazione

L'apprendimento è uno dei fenomeni psicologici necessari per l'evoluzione e la formazione non solo dell'uomo, ma anche di tutte le specie animali. Esso comprende infatti lo spirito di sopravvivenza, lo sviluppo, le conoscenze, l'adattamento all'ambiente e le capacità fondamentali. L'apprendimento, determinato dall'esperienza, ovvero dalle competenze e conoscenze, può risultare pertanto permanente o variabile. Anche l'apprendimento può quindi essere soggetto di cambiamenti che avvengono a causa degli influssi esterni dell'uomo o dell'essere vivente, dalle sue esperienze, emozioni, sensazioni e dai rinforzi che riceve a seguito di una o più azioni.

Questo fenomeno psicologico non si limita allora alla conoscenza di una nozione, di un testo o di un fenomeno, bensì all'integrazione all'interno dell'organismo di un automatismo, poiché diventa una modifica comportamentale.

L'apprendimento, poiché così importante, venne preso in considerazione dagli psicologi tra il 1930 e il 1950 con l'avvento del comportamentismo, ovvero dello studio del comportamento umano. Questa branchia psicologica lo definisce come l'insieme dei cambiamenti osservabili nel comportamento dell'individuo, avvenuti a seguito di cambiamenti dell'ambiente, del gruppo o del contesto in cui si trova.

Prima di passare alle tecniche di miglioramento dell'apprendimento, mi voglio soffermare per un momento a spiegare come avviene il cambiamento comportamentale e quindi dell'apprendimento.

1.   Il condizionamento classico

Nel 1927 Ivan Pavlov concentrò le sue osservazioni su un gruppo specifico di cavie: i cani. A questi animali somministrava premi, ricompense, suoni o punizioni con lo scopo di capire come essi reagivano allo stimolo positivo o negativo esterno. In particolare, notò che gli animali presentavano una risposta automatica quando venivano stimolati attraverso suoni o dimostrazione di cibo. Quest'ultimo venne definito uno stimolo incondizionato, poiché va a generare una salivazione e una risposta fisica non voluta. Il suono invece era uno stimolo condizionato, perché generava una scelta nell'animale.

Al termine dell'esperimento Pavlov notò come l'associazione tra stimolo e risposta condizionata rimaneva impresso nella memoria, quindi tolto lo stimolo si riceveva comunque un rimando.

2.   Il condizionamento operante

Lo psicologo Skinner inventò l'ormai nota Skinner Box, ovvero una gabbia in cui veniva inserita una cavia lasciata inizialmente libera di osservare ed esplorare l'ambiente. Nella gabbia erano però inserite leve, tasti o bottoni attraverso i quali l'ambiente generava delle ricompense o delle punizioni.

Lo psicologo notò subito che le cavie inizialmente avevano dei condizionamenti operanti, del tutto spontanei, poi - viste le risposte dell'ambiente - cominciavano ad assumere condizionamenti rispondenti, andavano quindi alla ricerca delle giuste leve o tasti.

Dagli esperimenti di Skinner possiamo comprendere come un bambino o uno studente, messo alla prova in varie modalità - osservando i risultati ottenuti - riesce a modificare il proprio comportamento al fine di ottenere solo quelli positivi.

3.   L'apprendimento latente

Nella più ampia delle prospettive, l'apprendimento può avvenire in ogni situazione e condizione, sia in modo implicito che esplicito. Poiché l'apprendimento può anche essere inconsapevole, studiosi quale Tolman, sostenitori delle teorie cognitive dell'apprendimento, sostennero che quest'ultimo può avvenire anche in mancanza di stimoli.

4.   L'apprendimento per insight

Tale apprendimento, introdotto negli anni '20 del XX secolo da Wolfgang Kholer, identifica un processo caratterizzato da una soluzione che si prospetta proprio nel momento del bisogno, in una situazione di difficoltà o un momento problematico. La scoperta avvenne in seguito a molte osservazioni sugli scimpanzé chiusi in una gabbia con della frutta lontana da essa. Lo studioso vide che gli animali si accorsero di essere lontano dall'oggetto del desiderio, ma videro che era invece sufficientemente vicini al mezzo per raggiungerlo, ovvero un bastone.
Proprio nella presa dello strumento, lo studioso si accorse che questa situazione di difficoltà era diventata per la cavia motivo di ricerca di una soluzione, che quindi generò un apprendimento involontario.

5.   Apprendimento osservativo

L'ultimo apprendimento che ritengo importante citare è quello indiretto. In tutti i casi precedenti si fa riferimento a esperienze dirette in cui è la cavia che trova in qualche modo la conoscenza o l'abilità che andrà a imparare. Secondo Albert Bandura invece, l'apprendimento può avvenire anche in modo indiretto, per imitazione, esattamente come fanno i cuccioli o i bambini con gli esempi che loro ritengono migliori o più grandi. Bandura coniò pertanto il termine "modellamento" basato sulla capacità dell'imitazione di modellare una conoscenza o un apprendimento.

6.2 Accelerazione dell'apprendimento

Tanti sono i metodi che vengono proposti per accelerare il proprio metodo di apprendimento e troppi cercano di propinare metodologie di studio che permettono di studiare interi libri in soli due giorni. Bene, la prima vera cosa da fare per affinare le proprie metodologie è disiscriversi da tutte le newsletter, smettere di considerare tutti le formule magiche e i corsi che promettono di essere miracolosi, perché in realtà stanno solo cercando di prelevarvi i vostri soldi in cambio di poche informazioni reperibili anche online.

Andiamo ora invece a conoscere quelli che sono i veri consigli che è utile conoscere al fine di ottenere un vero e tangibile miglioramento. Tutte le metodologie e strategie che vedrete di seguito spiegate, vi sembreranno delle baggianate fini a sé stesse, mentre in realtà non è così. L'apprendimento abbiamo visto che non è un sinonimo del metodo di studio, è qualcosa di permanente e impermeabile. Per migliorarlo bisogna andare a modificare alcune abitudini o stati d'animo. Vediamo come:

1.　　Il desiderio

In tutti gli ambiti della vita nei quali si cerca di raggiungere un obiettivo, si è sempre mossi da un desiderio. Nello studio in particolare si desidera arrivare all'ottenimento del risultato, della valutazione positiva, del massimo dei voti o del superamento di tutti gli esami che ci si è prefissati.
Bene, prefissiamoci l'obiettivo in modo saldo e concreto. Tralasciamo le preoccupazioni, i timori, le voci di corridoio e fissiamo solo il nostro scopo, nient'altro.
Come per tutto, bisogna però ricordarsi che non si ottiene nulla senza un minimo di sforzo, non si può pensare di vincere la maratona senza allenarsi, senza una dieta adeguata o senza sudare. Anche per lo studio bisogna considerare che ci saranno delle rinunce da fare. Certamente non è un limite alla propria vita,

abbiamo visto che basta essere molto organizzati e determinati, solo così realmente si riuscirà ad arrivare al proprio obiettivo. Sicuramente non possiamo credere di poter superare l'esame andando al mare in vacanza.

2. Differenziare

Questo consiglio sembra banale, ma troppe volte ho visto studenti che continuavano a fallire gli esami continuando a tentare e ritentare di studiare nel medesimo modo. Ecco, questa è la metodologia peggiore per incrementare i propri apprendimenti.

Se si vuole ottenere un risultato maggiore con uno spreco minore di tempo e di risorse, bisogna semplicemente fermarsi e analizzare il proprio metodo.

La cosa migliore da fare è guardare con occhi aperti il proprio percorso: realizziamo una tabella a doppia entrata e inseriamo da una parte l'esame e dall'altra il tempo impiegato per la preparazione. Nell'incrocio invece mettiamo le valutazioni ottenute, negative e positive, quindi potremmo avere anche dei doppi esami se li abbiamo dovuti sostenere più volte.

La realizzazione di questa tabella ci permette di osservare dall'alto e dall'esterno le modalità usate e i risultati ottenuti, quindi stabilire quali sono le metodologie che dobbiamo sicuramente andare a scartare.

Se per preparare un esame abbiamo usato i riassunti e abbiamo preso una valutazione appena sufficiente, allora possiamo già stabilire che con questo mezzo possiamo arrivare alla sufficienza, ma non riusciamo a fare di meglio. Se invece con le mappe abbiamo ottenuto migliori risultati, potremo riprendere il metodo e migliorarlo.

Abbiamo visto nella prima parte del capitolo che è fondamentale variare le metodologie per migliorare gli apprendimenti, cambiare e affinare le strategie anche in base alle differenze che ogni esame porta con sé. Solo apprendendo il giusto metodo di studio sarà possibile arrivare in modo incisivo al risultato.

3.   Capire meglio e capire velocemente

Ciò che ci porta in modo diretto al risultato è la comprensione, che non è solo utile per l'ottenimento dell'obiettivo, ma anche per conoscere l'argomento a lungo termine. Quando non si capiscono le istruzioni per il montaggio di un mobile, per esempio, ci risulterà impossibile credere di poterlo assemblare in poco tempo, ci vorranno infiniti tentativi per arrivare al prodotto finito. Allo stesso modo, è impossibile credere di poter studiare e conoscere qualcosa se non lo si ha capito bene.

La comprensione rende tutto ciò che si deve imparare decisamente più semplice, chiaro e così logico che quasi ci fa sentire stupidi pensando che fosse tanto complesso in prima battuta. Più si capisce, più si riduce il tempo che si impiega a ripetere, a scrivere, riassumere e schematizzare.
Ecco alcuni elementi chiave per una comprensione sia del testo scritto che dell'esposizione orale:

-    Attenzione

Abbiamo ripetuto questo concetto ormai già troppe volte, quindi abbiamo capito la ragione per cui è così importante.

-    Competenze lessicali

Se non si capisce il significato delle parole presenti nel testo, come si può pensare di comprendere il senso dello stesso? Forse si riuscirà a cogliere un significato complessivo e quindi parziale, ma non avremo mai un apprendimento completo, che è quello che noi stiamo cercando.

- Conoscenza base dell'argomento

Conoscere almeno la base dell'argomento che stiamo affrontando ci permette di accedere al lessico, alla logica della scrittura e leggere in modo attivo. Tutto ciò ci permette di domandarci se nella fase del primo approccio al testo effettivamente si sta comprendendo qualcosa rispetto al contenuto. Un modo per conoscere almeno la base dell'argomento è seguire con attenzione le lezioni del professore, così da avere almeno quella che viene comunemente chiamata infarinatura.

- Velocità di lettura

Abbiamo affrontato l'argomento della lettura veloce nel capitolo 3 e ne abbiamo già abbondantemente decantata l'importanza in termini di risparmio di tempo ed energie.

- Accuratezza della lettura

Sembrerebbe che questo ultimo punto sia in totale contrasto con il precedente: se leggo velocemente non posso leggere accuratamente. Questo non è assolutamente vero. Se si seguono i consigli forniti nel capitolo 3 in modo preciso, si otterrà una lettura rapida, certo, ma al tempo stesso completa.
Quando si parla di accuratezza, si intende una lettura svolta con tutta la concentrazione che si può avere in quel momento, con il

pensiero rivolto unicamente al ragionamento sull'argomento, senza distrazioni o senza dispersioni, così da ottenere un risultato chiaro nella propria mente.

Mentre si legge è importante soffermarsi sulle parole importanti così da fissarle nella mente, chiedersi di tanto in tanto se le informazioni sono chiare o se vale la pena rileggerle, ipotizzare delle risposte alle domande retoriche del testo o immaginare ciò che verrà di seguito esposto. È importante al tempo stesso costruire un'opinione relativa ciò che si sta leggendo, perché questo permette di associare nella nostra mente il fatto con un rimando emotivo e creare così una competenza salda e basata su un rimando vivido.

4. Risparmiare tempo

L'apprendimento rapido può avvenire solo se ci si impegna tanto per un lasso di tempo ristretto. Ciò che conta è trovare un metodo sostenibile per tutta la vita, non si può pensare di trovare un metodo di studio che occupi sempre la maggior parte della giornata, perché arriveranno momenti in cui il tempo per studiare sarà ridotto all'osso, pertanto è fondamentale trovare un equilibrio tra vita, studio, lavoro e famiglia.

Per ottenere un apprendimento efficace, la mente deve sapere ciò che sta facendo e quando lo deve fare, bisogna essere molto organizzati. Ovviamente non si può pensare di violare e forzare la propria mente a fare qualcosa che non è in grado di fare. Oltre a un'organizzazione imposta e quasi rigorosa, bisogna imparare ad ascoltare il proprio fisico: se vediamo che non riusciamo più a studiare nulla, concediamoci una pausa consistente, un giorno di libertà, così il nostro cervello sarà ben disposto all'apprendimento e non si sentirà più sovraccaricato.

5.   Zero stress

Le tecniche di apprendimento che abbiamo già visto
precedentemente o negli altri capitoli non bastano per ottenere un
10 o un 30, sta a noi applicarle nel modo corretto. Una parte
dell'applicazione non è data però dalla ragione e dal cervello, bensì
dalla psiche, colei che gioca come un freno a mano davanti alla
nostra volontà.

Spessissimo ci sentiamo volenterosi di apprendere, ma altrettante
volte ci troviamo colmi di ansia, di timori e di preoccupazioni
relativi tanto alla prova per cui ci stiamo preparando, ma anche ad
altre situazioni di vita che stiamo vivendo.

L'ansia e lo stress hanno una fortissima capacità: riescono a
spostare tutte le nostre abilità di attenzione verso il solo motivo di
disagio.

L'apprendimento può avvenire solo se la mente è sgombra da ogni
altra situazione.

Come fare?

Tralasciate ogni insegnamento spirituale e applichiamo solo dei
consigli semplici e pratici: datevi dei tempi, momenti per lo studio
e altri per lo svago, uno spazio per lo spuntino lontano dai libri.

Spesso si consiglia di abbandonare il proprio telefono in un'altra
stanza, di metterlo in modalità aereo o di spegnerlo. Bene, questa è
la cosa peggiore, perché passerete tutto il tempo chiedendovi se
qualcuno vi sta cercando. Ciò che bisogna invece fare è averlo
vicino così da rispondere eventualmente per necessità. Per quanto
concerne invece i social, bisogna solo imparare a costruire un
rapporto positivo dedicando loro tempo solo nei momenti di pausa
spuntino, bagno o relax.

Un altro motivo di stress che va a minare il risultato, è l'ansia da
prestazione. Anche il parlare davanti a un folto o limitato pubblico

è una competenza, un apprendimento che può essere semplicemente imparato. Per farlo bisogna esercitarsi. Molti studenti amano ripetere davanti allo specchio, altri alle fotografie, altri ancora ai propri parenti o conviventi. In questo caso un buon appoggio per superare quest'ansia è il già citato studio di gruppo. Quando ci si trova a studiare insieme ad altre persone, arriva sempre il momento in cui si è chiamati a esporre le proprie conoscenze. Parlare davanti a degli amici è un ottimo modo per superare la timidezza o l'ansia da prestazione. In questo poi si può andare a intervenire attraverso esercizi anti-ansia.

6.   Vita sociale

Abbiamo già detto che una cosa importante per lo studio è il riposo, l'alternare del tempo di lavoro e di pausa. Una pausa non deve però limitarsi a 15 minuti staccati dal libro o alla pausa pranzo in cucina, è invece più importante concedersi una pausa importante molto lontana dai libri.
Un consiglio è quello di praticare sport fuori dalla propria abitazione, altrimenti si rischia di stimolare pochissimo il cervello. Andando a cambiare ambiente si va a dare degli input diversi che possono modificare gli apprendimenti, esattamente come spiegato nella prima parte del capitolo. È preferibile uscire per una corsa all'aria aperta, andare in palestra o praticare uno sport di squadra.
Un'altra cosa importante sono le persone. Anche l'incontro con amici, parenti, vicini di casa o semplici sconosciuti ci aiuta a incrementare le nostre abilità sociali ma anche culturali. Abbiamo visto sopra che spesso gli apprendimenti possono avvenire anche in maniera passiva, attraverso l'imitazione spontanea. Pertanto, è importante mantenere vivi dei rapporti sociali, regalarsi dei momenti di libertà e spensieratezza, al fine di tornare l'indomani mattina sui libri con un'energia maggiore e un desiderio più grande.

7.   No allo studio mnemonico

Ad oggi, con il tempo che corre incessantemente e il desiderio di arrivare il prima possibile all'obiettivo, tutti cercano dei metodi nuovi e infallibili, pertanto il web è colmo di articoli e metodologie innovative che finiscono per spiegare come imparare le informazioni a memoria.

In alcuni casi lo studio mnemonico è fondamentale e richiesto anche dai docenti, pensiamo alle poesie, agli articoli giuridici e alle datazioni storiche. In tanti altri casi invece non serve a nulla. Inoltre, durante l'esame, quando si ha uno studio mnemonico non si ha la capacità di associare le informazioni, se il professore si discosta da quanto imparato, non si riesce a ritrovare nella propria mente la risposta.

Lasciamo perdere tutte quelle tecniche che richiedono mesi e mesi di lavoro, di lettura e rilettura, di riassunto, schematizzazione e ripetizioni infiniti. Lasciamo perdere anche tutte le metodologie che si fingono miracolose ma che poi ci ripropongono l'iter appena spiegato. Lasciamo perdere i metodi di studio mnemonici che permettono una conoscenza nel breve termine ma sicuramente non consentono di avere un apprendimento, che abbiamo detto essere di medio-lunga durata.

Ciò che ci consente di arrivare al massimo dei voti è proprio la capacità di dimostrare di aver svolto uno studio maturo, forse di alcuni piccoli elementi mancante, ma molto elastico, ragionevole e permanente.

Capitolo 7
LO STUDIO MNEMONICO

Il primo obiettivo che voglio raggiungere con questo capitolo è la comprensione di cosa sia effettivamente lo studio mnemonico e a chi o cosa si contrappone.

Lo studio mnemonico è un metodo che non richiede una rielaborazione del testo, ma una riproduzione esatta delle parole, dei segni, dei numeri e delle pause che il testo stesso chiede. Questo metodo non richiede raziocinio, è qualcosa di assolutamente meccanico e che necessita di un esercizio costante.

Data questa definizione, potremmo definire lo studio mnemonico come uno studio quantitativo e non qualitativo. Se pensiamo infatti ad un bambino che ripete una poesia, immaginiamo l'alunno che espone come un robot delle parole sconnesse e senza capire il messaggio che il testo vuole lasciare a chi ascolta. In realtà i due concetti non devono essere necessariamente correlati, si può studiare a memoria mantenendo però un legame con il testo di partenza.

Cosa vale la pena studiare a memoria?

Ci sono alcune cose che richiedono uno studio mnemonico obbligatorio e sto parlando dei testi che non richiedono una comprensione profonda o un'analisi critica, quindi si tratta delle poesie, dei testi delle canzoni, delle datazioni storiche, dei numeri di telefono, dei codici meccanografici o pin, degli articoli giuridici, dei nomi di personaggi o città. Per tutto il resto è consigliabile fare uno studio concettuale basato sulla comprensione del testo e del contenuto, su una rielaborazione del materiale e su un apprendimento.

Lo studio mnemonico ha una grandissima pecca: non consente di accedere a una conoscenza a lungo termine. Ci si può ricordare qualcosa che si ha imparato a memoria se vi si accede spesso e si rinfresca il ricordo con costanza, diversamente si rischia di perdere la conoscenza entro un mese.

Pensiamo ad esempio al codice di sblocco del telefono: noi ripetiamo questo numero – associato forse ad un episodio o a delle lettere – molteplici volte al giorno, pertanto è impossibile scordarselo. Ad oggi però quasi tutti gli smartphone consentono di sbloccare il telefono con un semplice riconoscimento digitale o facciale, ma se ci facciamo caso, almeno una volta al dì, ci chiedono di usare il codice numerico esplicitando che l'obiettivo è quello di evitare la dimenticanza. Ecco che l'apparecchio, strumento decisamente dotato e capace, riconosce la mancanza umana di memoria mnemonica eterna, pertanto ci chiede di ripassare il codice ogni giorno.

Esattamente come fa il nostro smartphone, anche noi se volgiamo ricordarci qualcosa vi dobbiamo accedere frequentemente, con una cadenza almeno settimanale.

Chiarito brevemente il concetto, lo scopo di questo capitolo è ora quello di affrontare le modalità che ci permettono di studiare a memoria in modo consapevole, veloce ed efficace. Vedremo quindi diversi metodi per lo studio mnemonico, per l'esercizio delle funzionalità e per il ripasso di ciò che è stato imparato.

7.1 Testi a memoria

Una delle prime cose che ci vengono richieste di imparare a memoria sono dei testi che possono appartenere a poesie, estratti di brani famosi, componimenti poetici classici, traduzioni di testi in lingua straniera o antica, brani di canzoni o altro ancora.

Non pensiamo quindi che lo studio mnemonico di lunghi testi sia solo una pratica destinata ai bambini, spesso invece studenti liceali sono chiamati a studiare traduzioni di opere scritte in latino classico, troppo difficili per essere tradotte autonomamente.

Il metodo, ancora, interessa anche a chi sente il desiderio di diventare attore, cantane, personaggio dello spettacolo o lo fa già per lavoro. Costoro devono imparare testi di canzoni, battute e parole scritte da altre persone e che spesso non rispecchiano nemmeno la propria personalità ma quella del personaggio interpretato. In questo caso serve sicuramente uno studio mnemonico ben fatto, è importante che le parole siano ben chiare e salde nella mente, così da potersi concentrare sulle emozioni e sull'esposizione di esse.

Lo stesso discorso vale per un cantante, se si concentra sulla memoria, durante l'esibizione non può dare importanza all'intonazione, al suono dello strumento e soprattutto alla trasmissione del significato.

Per parlare di studio mnemonico di testi scritti, è importante fare una prima distinzione tra testi in rima e versi liberi. I primi sono più semplici da imparare, perché hanno una logica musicalità al loro interno, le parole sono tra di loro legate da un ritmo. Ancora di più questo discorso interessa le canzoni, il ritmo e la musica di accompagnamento aiutano la memoria e ci permettono di richiamare attraverso i suoni le parole corrispondenti.

Imparare un brano a memoria non è semplice, per questo non possiamo pensare di svolgere l'attività di studio mentre guardiamo la televisione, ascoltiamo una canzone o stiamo in compagnia di qualcuno. Va fatto in solitudine, almeno nella parte di memorizzazione, o con l'aiuto di una persona che ha il solo obiettivo di farci apprendere e non di distrarci.

Cominciamo leggendo il brano lentamente più e più volte di seguito, tutto intero, ripetendo l'azione per almeno 4 volte.

Al termine di questa lettura avremo sicuramente colto il contenuto del testo e avremo fissato qualche parola a seconda della collocazione, del significato, della lunghezza o del ritmo che crea con il contesto. Durante questa prima fase andiamo a cercare le parole più complesse nella pronuncia o di cui non sappiamo il significato, così da ricordarci di porre maggiore attenzione a quelle durante la fase di studio. Cerchiamo anche i significati delle parole sconosciute, così da avere una buona comprensione del testo, perché se quest'ultimo ha un significato o racconta una storia, è bene che il contenuto sia chiaro.

Se il testo è in poesia, proviamo a ritrovare lo schema rimico (ABBA – AABB), così da capire qual è il gioco che ha seguito l'autore nella stesura dei versi.

Il prossimo passo è suddividere il testo in sezioni. Se si tratta di una poesia o del testo di una canzone, possiamo sfruttare le strofe. Se queste sono però troppo lunghe, usiamo come metro di divisione due o tre versi o righe, a seconda se il testo è in poesia o in prosa. Una cosa importante da ricordare quando si va a suddividere il testo è di non spezzettarlo, seguiamo invece una divisione semplice delle parole attraverso un criterio logico, cerchiamo di sfruttare la punteggiatura o concludiamo le frasi, così da dare un senso a ciò che stiamo cercando di imparare.

Una cosa che possiamo fare proprio per agevolare la comprensione della narrazione è quella di aggiungere una parola o una piccola frase accanto alle strofe o alle ripartizioni, così da avere uno spunto narrativo a cui appigliarci durante la ripetizione.
A questo punto prendiamo ogni singola parte, cominciando dall'inizio, e rileggiamo le piccole parti andandole a ripetere a voce alta. Ripetiamo almeno due volte con il testo vicino e aggiungiamo piano piano poche parole alla volta arrivando così a completare il pezzetto. Ripetiamo tutto con il testo vicino e poi allontaniamolo e proviamo a esporlo finché non saremo certi della conoscenza.

Imparato bene il primo frammento, ripetiamo il procedimento per quello successivo, ma ogni volta che aggiungiamo un pezzo e l'abbiamo imparato, riprendiamo il componimento dall'inizio e ripetiamolo tutto.
Procediamo così fino alla fine ricordandoci sempre di prenderci delle pause di studio, utilissime per due ragioni: per riposare il cervello, ma anche per realizzare – al termine della pausa stessa - se abbiamo realmente imparato le parole o se era solo una convinzione momentanea.
Durante il ripasso non teniamo il testo troppo lontano, perché sarà importante cerchiare le parole che sbagliamo per più di due volte e mantenere il focus vivo su di loro.
Al termine del riposo, riprendiamo lo studio andando a ripetere tutto ciò che abbiamo imparato, quindi proseguiamo.

Una volta apprese bene tutte le parole, soffermiamoci anche sulle virgole, sulle pause o sui respiri, perché questi cambiano notevolmente il senso della frase e il messaggio che l'autore voleva comunicare.

Per risultare ancor più performanti, proviamo a dare un'intonazione a ciò che andiamo a esporre, cerchiamo di soffermarci sulle parole chiave del testo così daremo l'impressione non solo di aver lavorato sullo studio delle parole, ma anche sull'analisi del brano.

Prima di concludere, voglio soffermarmi su alcune considerazioni finali. Ci sono alcune piccolissime cose che possono aiutare durante la memorizzazione del testo: se il brano ha al suo interno un ritmo, proviamo schioccando le dita o battendo le mani, così da aiutare il nostro cervello a connettere le parole tra di loro.

Se stiamo invece studiando il testo della canzone, impariamo le parole direttamente cantandole, prima con il brano cantato dall'autore o da una terza persona, poi solo con la base. In questo modo riusciremo subito a trovare i riferimenti, interiorizzeremo le pause, gli accenti, le note e tutto quello che un cantante ricerca.

Ancora, non è impossibile studiare una poesia a memoria sottovoce o ripetendo nella mente, ma è consigliabile farlo a voce alta e in un ambiente silenzioso, perché questo è l'unico modo che ci consente di mantenere l'attenzione viva realmente solo su ciò che stiamo facendo.

Diversamente, proviamo a muoverci durante la ripetizione. Nell'atto della lettura stiamo fermi, ma quando dobbiamo ripetere lunghi frammenti o l'intero brano, muoviamoci per la stanza, così da attivare la parte sinistra del cervello.

Al termine dello studio, facciamo una pausa, usciamo per una passeggiata, guardiamo un programma televisivo o chiacchieriamo con qualcuno, poi riprendiamo il testo e ripetiamolo.

L'ultimo consiglio che voglio dare è quello di farsi aiutare. Ripetere il testo a una persona è importante, perché questa potrà tenere il foglio e controllare se effettivamente state dicendo tutte le parole. Questa pratica è ancor più utile quando si tratta di imparare testi in italiano antico, per esempio, che presenta alcune variazioni fonetiche all'interno o alla fine delle parole, ad esempio: "Io cantava". Il nostro cervello automaticamente ci porterà invece a dire: "Io cantavo", per questo è importante che qualcuno ci segua con tanta attenzione e grande pazienza.

7.2 Serie di numeri

In questo paragrafo ci dedichiamo allo studio mnemonico di qualcosa che non ha un senso apparente, diversamente da quanto accadeva nel precedente paragrafo con i brani o i componimenti letterari. Parliamo in questo caso di serie di numeri che possono avere significati più o meno evidenti, ovvero datazioni, codici pin o codici generati spesso in modo casuale meccanicamente e non scelti dall'utente assemblando criteri personali. È quindi arrivato il momento di proporre alcune strategie per poter apprendere questi numeri in modo logico e in qualche modo ponderato, così da velocizzare il momento e rendere al massimo la prestazione.
Poiché dobbiamo fornire una logica a questa serie di numeri, troviamo delle strategie che vadano a trasformare gli stessi in immagini, esattamente come abbiamo già spiegato nel capitolo 4, quando abbiamo sottolineato come la realizzazione di connessioni visive e mentali facilitano l'apprendimento.
Vediamo a questo punto alcune tecniche per far si che la trasformazione numero – immagine avvenga.

1.   La conversione letterale

Fu il filosofo tedesco Leibniz a metà del 1600 a ideare la conversione fonetica per memorizzare sistemi numerici. Seppur possa sembrare particolarmente complesso, è in realtà il metodo che permette di memorizzare diversi numeri e ricordarli per un lasso di tempo maggiore.

La metodologia prevede sostanzialmente un'associazione dei numeri dallo 0 al 9 ai suoni delle consonanti. Essendo essa una conversione fonologica e non grafica, bisogna fare attenzione alla pronuncia. Il fono infatti è il suono che si emette alla pronuncia di una consonante, il grafema è invece l'equivalente segno scritto.

Vediamo di seguito il sistema che viene suggerito per la conversione.

Numero	Lettera	Strategia di memoria
0	Z, S, SC	Z come Zero
1	T, D	T ha una forma simile a 1
2	N, GN	Rovesciando la N si ottiene un 2
3	M	Rovesciando la M riusciamo a vedere un 3
4	R	Il 4 è una R specchiata con una gamba in più
5	L, GL	L nel sistema romano equivale a 50
6	C, G, J dolci	La G minuscola è molto simile al numero 6
7	C, G, K dure	Sistemando due 7 in orizzontale creiamo una K
8	F, V	La F scritta in corsivo diventa un 8

Nella prima colonna troviamo il numero, nella seconda una o più consonanti o gruppi consonantici e nella terza ci sono delle strategie per ricordare la conversione. Ci sono persone che preferiscono associare al numero la forma della lettera, altri invece prediligono l'associazione fonica e cercano una somiglianza sonora. Ognuno, anche in questo caso, deve trovare la propria metodologia e allenarsi così da imparare la conversione, che deve diventare qualcosa di implicito e non deve richiedere alcuno sforzo.

A questo punto non basta far altro che prendere le cifre e comporre delle parole andando a inserire le vocali a seconda delle necessità. Ricordiamo che queste ultime non sono associate ad alcun numero proprio perché sono necessarie per costruire delle parole di senso compiuto.

Ci sono delle altre piccole regole che sono importanti da ricordare per la traduzione fonologica dei numeri: le doppie non vanno calcolate come la ripetizione dello stesso numero, perché anche in questo caso sono adoperate per la formazione della parola.

Prendiamo la parola CASSA la parola equivale ai numeri 70.

Un'altra cosa importante da ricordare è la pronuncia, ci sono delle differenze di esposizione della lettera C, ad esempio, nelle parole *ciao* e *casa*.

## 2.	Il sistema della forma

Con questo secondo sistema si realizza una pratica in realtà molto simile a quella presentata nel precedente metodo: si associa il numero a una forma stilizzata che ne ricorda le fattezze e le sembianze.

Il numero 1, ad esempio, potrebbe ricordare un cero o a un soldatino, il numero 2 a una papera o a un volatile, il numero 3 a una molla, il numero 4 a una vela e così via.

I miei però sono dei semplici suggerimenti, ognuno deve trovare il proprio rimando, non va mai utilizzato in modo forzato quello realizzato da qualcun altro, altrimenti diventa uno sforzo di memoria anche solo ricordare l'associazione.

Creata anche in questo caso una tabella a doppia entrata con la correlazione tra i simboli e i numeri, andiamo a realizzare delle immagini mentali nelle quali appaiono in ordine le rappresentazioni a cui abbiamo pensato.

Anche in questo caso ci saranno degli elementi che non devono essere coinvolti nella stesura della tabella, perché sono necessari per generare ancora delle rappresentazioni grafiche che possano avere un senso.

Lo scopo di tutte questi sistemi, strategie o suggerimenti è proprio dare un significato a ciò che apparentemente non lo ha.

3.   Il sistema rimico

Il terzo sistema è in realtà il più semplice, infatti viene spesso consigliato di utilizzarlo per primo quando ci si avvicina per la prima volta a questa pratica di memorizzazione mnemonica di numeri.

Se nel precedente metodo abbiamo associato al numero una forma, adesso dobbiamo associare al numero un messaggio sonoro e cercare di realizzare una rima a cui poi legare la relativa immagine.

Anche in questo caso voglio proporvi la mia idea di associazione:

Numero	Parola
1	Bruno
2	Bue
3	Re
4	Gatto
5	Acque
6	Lei
7	Fette
8	Botto
9	Giove

Quando anche voi avrete generato le vostre associazioni rimiche, andate a realizzare le relative immagini mentali.

A questo punto prendiamo le cifre e generiamo ancora delle immagini così da ricordare i numeri.

Facciamo un esempio:

il numero 415 può essere trasformato nella storia "Un gatto bruno affoga nelle acque".

Sicuramente più le storie sono bizzarre, più semplice sarà ricordarle.

4.   Il palazzo della memoria

Andiamo a svelare i trucchi del più famoso detective della storia letteraria gialla, Sherlock Holmes. Tutti gli amanti del personaggio avranno notato in lui una fortissima capacità mnemonica applicata non in modo meccanico, bensì evocativo e logico, perché il detective utilizza in modo particolarmente acceso e funzionale la tecnica del palazzo della memoria.

Andiamo quindi a capire di cosa si tratta.

La scoperta del palazzo della memoria o tecnica dei loci (dal latino *locus*, luogo) viene assegnata ad un poeta lirico greco Simonide di Ceo, vissuto nel 550 a.C., il quale – secondo i racconti – si trovava in un palazzo per un banchetto, ma durante i festeggiamenti l'edificio crollò poco dopo l'uscita del poeta stesso. L'incidente andò a trasfigurare i corpi dei commensali rimasti sotto le macerie e fu così impossibile riconoscere le salme. Il poeta venne quindi richiamato presso il palazzo e – grazie alla memoria dei luoghi in cui i commensali erano seduti – riuscì a risalire a tutti i nomi delle vittime.

Non fu solo il poeta greco a utilizzare in modo inconsapevole la tecnica, moltissimi altri noti personaggi della scena culturale lo usarono, ricordiamo Cicerone, Tommaso D'Aquino, Matteo Ricci e Umberto Eco.

La storia ci dà già qualche indizio circa il medo in cui funziona il palazzo della memoria, che prende proprio il nome dall'edificio del banchetto. In poche parole, si affida alla visualizzazione degli elementi all'interno di una stanza al fine di organizzare le informazioni.

Proviamo a fare degli esempi pratici al fine di capire bene come applicare il palazzo della memoria: prendiamo come esempio una cucina nella quale troviamo in ordine da sinistra a destra il frigorifero, il fornello con il forno, un piano di lavoro con lavastoviglie, il lavello e per ultima la dispensa. Su ognuno di questi oggetti andiamo a collocare ciò che dobbiamo ricordare. Possiamo assegnare dei nomi, delle parole chiave, dei numeri, delle lettere o anche tutte le cose mischiate. Potremmo usare il metodo per ricordare, per esempio, tutte le battaglie della Prima guerra mondiale.
Facciamo una prova utilizzando i numeri. Ipotizziamo di dover imparare la cifra 69742. Applichiamo il numero su ciascuno degli oggetti che abbiamo visualizzato sulla nostra cucina, andando magari a trovarne un appiglio fonologico o grafico e così avremo imparato il nostro codice.

Un altro esempio può essere il letto in camera, sul quale troviamo la struttura, la testata, la rete, il materasso, il primo lenzuolo, il secondo, il piumone, il copriletto, il cuscino, la federa e così via. Ognuno sul proprio letto ha dei dettagli diversi: il pigiama sotto il cuscino, un maglione gettato ai piedi del letto, un disegno sul copriletto, una coperta, un pupazzo o il proprio animale domestico che dorme. Andando a seguire il percorso dal basso verso l'alto, assegnando ad ogni oggetto una frase o un elemento da ricordare, saremo in grado di associare l'immagine alla definizione. Il metodo è provato che funziona anche per la preparazione per esami di diritto, storia o medicina.

Moltissimi campioni di memoria usano il palazzo della memoria: prima di prendere parte alla gara, osservano degli ambienti noti e creano al loro interno un percorso più o meno particolare o articolato. La cosa vincente del metodo è che chiede al candidato di usare luoghi a lui molto cari da lui praticati, che sono però oggetto di moltissimi percorsi che possono essere e devono essere variati a seconda di ciò che va appreso. Non solo luoghi chiusi sono oggetti della tecnica, possiamo usare anche percorsi stradali, eventi fuori dal comune. Più questi sono particolari e bizzarri, più colpiranno in qualche modo la nostra memoria. Il percorso è personale e personalizzato, non può essere condiviso o riciclato, proprio perché il luogo è proprio dell'autore e il cervello e il metodo di memorizzazione è personalissimo.

5. Il sistema PA

The PA system venne inventato dal mnemonista britannico Dominic O'Brien, ad oggi otto volte campione della memoria mondiale e trainer mnemonico.
Il metodo viene utilizzato nelle gare di memoria ed è particolarmente complesso da mettere in pratica. È sicuramente consigliato a chi, affrontati i metodi precedenti, li trova troppo semplici e riduttivi per le proprie capacità. Per questi ultimi, consiglio allora di affrontare un percorso diverso e specializzato nelle gare di memoria.

Anche in questo caso il sistema consiglia una conversione dei numeri. In particolare, si richiede di trasformare ogni coppia di numeri nel volto di una persona nota, scelta in base alla similitudine fonetica, ovvero a una somiglianza sonora nell'emissione del numero e del nome della persona stessa. Poiché il sistema viene utilizzato nelle gare di memoria, durante le quali si richiede ai candidati di memorizzare codici binari numerici nel minor tempo possibile, O' Brien ha costruito un metodo utile per ridurre il tempo, pensando così di accoppiare i numeri tra di loro andando quindi a dimezzare le cifre da imparare.